小资金
稳中求进
投资法

期货交易策略一本通

刘　柯◎编著

中国铁道出版社有限公司
CHINA RAILWAY PUBLISHING HOUSE CO., LTD.

图书在版编目（CIP）数据

小资金稳中求进投资法：期货交易策略一本通 / 刘柯
编著.—北京：中国铁道出版社有限公司，2022.10
    ISBN 978-7-113-29332-1

Ⅰ.①小⋯ Ⅱ.①刘⋯ Ⅲ.①期货交易-基本知识
Ⅳ.①F830.93

中国版本图书馆CIP数据核字（2022）第111686号

书　　名：小资金稳中求进投资法：期货交易策略一本通
　　　　　XIAOZIJIN WENZHONGQIUJIN TOUZIFA：QIHUO JIAOYI CELÜE YIBENTONG
作　　者：刘　柯

责任编辑：张亚慧　奚　源　编辑部电话：（010）51873035　邮箱：lampard@vip. 163. com
封面设计：宿　萌
责任校对：安海燕
责任印制：赵星辰

出版发行：中国铁道出版社有限公司（100054，北京市西城区右安门西街 8 号）
印　　刷：三河市兴达印务有限公司
版　　次：2022 年 10 月第 1 版　2022 年 10 月第 1 次印刷
开　　本：700 mm×1 000 mm 1/16　印张：14　字数：194 千
书　　号：ISBN 978-7-113-29332-1
定　　价：69. 00 元

前言

说起投资，大部分投资者最先考虑的便是股票，但其实除股票之外，还有一种投资工具可供选择，那就是期货。

然而，市场中却有很大一部分投资者并不太了解期货投资，认为它是一种高端的投资方式，更适合资金量大一些的投资者，而自己作为散户，资金量小，不适合入场。显然这是场外人一种比较片面的认识，期货市场中也有很多适合小散户的投资品种，小资金起步也可以完成投资。

另外，期货相比股票的单向交易，可以做空和做多双向交易，给了投资者更多的机会。因此，期货其实也是一个可供普通投资者选择的工具，只要科学合理地投资，同样能为我们实现财富增值的目的。

当然，任何投资在追求收益的同时，都伴随着一定的风险，要想做到科学合理地投资期货，就应该通过对相关交易知识的不断学习和积累，做好技术分析，以便在投资过程中选择更正确的操作，并及时做好止损控制、合理控制仓位，以此来尽可能地降低投资风险。

本书共 7 章，可分为三个部分：

◆ 第一部分为第 1 章，属于基础性内容，主要是引导读者认识期货，了解小资金也可以做期货投资。

- ◆ 第二部分为第 2～4 章，属于重点内容，主要是向读者系统地介绍期货交易的一些步骤、交易规则和交易方法，期货除了传统的追涨杀跌外，还有很多套利、获利方法，给投资者提供更多的机会。

- ◆ 第三部分为第 5～7 章，属于能力提升的内容，包括盘面分析、指标分析以及交易策略。意在帮助读者在掌握期货交易的相关知识后，还能进行技术分析，帮助研判行情，抓住市场机会。

本书的优势在于从实用的角度出发，给读者介绍了大量实用性强、有价值的投资技巧和方法。书中添加了大量的示例和图示，在帮助投资者理解期货知识的同时降低阅读枯燥感，让读者在一种轻松有趣的阅读氛围中学习期货投资的相关技巧。

最后，希望所有读者都能从本书中学到期货投资的相关知识，在期货市场中实现获利。但仍要提醒大家，任何投资都存在风险，入市需谨慎。

作　者

2022 年 6 月

目录

第1章　小资金也可以参与期货交易

很多人认为期货是一种只适应大额投资的投资工具。但事实上，期货并不是至少需要有几十万元才能入场，一万元也可以做期货投资。只是需要正确认识期货交易风险，谨慎入场操作。

第2章　初入期市投资账户必须要有

在进行期货投资之前每个投资者都需要拥有一个自己的期货交易账户，它是用于交易履约结算和提供担保的资金信用账户，投资者只有拥有了期货账户才能完成投资过程中的所有交易操作。

第3章 掌握正确交易方法获利

　　很多初入期市的投资者常常会犯一个错误，即在不懂期货投资的情况下，以股票投资的方法来进行期货投资。事实上，期货与股票是两种完全不同的投资工具，它们在交易方式上存在较大差异，以股票的方式来投资期货显然是不正确的，想要获利也比较困难。我们只有掌握了正确的期货交易方式，才能在期市获利。

第4章 期货套期保值与期货套利

期货投资除了双向交易、买涨买跌外，还可以利用期货与现货之间的价差找到更多的获利渠道。因为期货是未来远期的商品合约，是人们对未来几个月商品价格的预估，由于诸多因素的影响，期货价格与现货价格肯定会存在价差，而这一价差空间正是投资者们的获利空间。因此，只要投资者加以利用，同样可以为自己带来不菲的收益回报。

第 5 章　想要期市获利盘面分析不可少

对于大部分投资者来说，期市投资更多的是通过期货合约买多、卖空获利，而非实物交割。这就需要投资者对期货的价格趋势变化有一个准确的把握，才能及时抓住市场中转瞬即逝的投资机会。而分析价格趋势变化离不开对盘面的分析和判断，本章就走进盘面分析的重要工具——K 线。

第6章　借助技术指标精准把握市场变化

技术指标一直以来都是盘面分析利器，也是重要的投资分析手段，投资者借助技术指标往往能够更精准地把握市场的波动变化情况，以便找到最佳的投资时机，赚取可观的投资回报。

第 7 章　掌握必要的交易策略降低投资风险

期货投资除了需要看懂盘面，做好技术分析外，还需要掌握一些交易策略，例如止盈策略、止损策略以及仓位管理方法。这些策略都能在不同程度上降低投资风险，使投资更稳健。

第 1 章

小资金也可以参与期货交易

很多人认为期货是一种只适应大额投资的投资工具。但事实上，期货并不是至少需要有几十万元才能入场，一万元也可以做期货投资。只是需要正确认识期货交易风险，谨慎入场操作。

- **不是只有大额资金才能做期货**
- **认识期货这种投资工具**
- **买卖期货的交易场所**

1.1 不是只有大额资金才能做期货

大部分投资者对"期货投资"的认识是，只有拥有几十万元、几百万元资金的大额投资者才可以考虑期货投资。其实，期货的品种很多，不同品种的期货对于资金的需求有所不同，例如一些常见的大豆、玉米、豆粕和白糖等品种，投资者只需要几千元便可以入市投资，而黄金、白银、沪铜及焦炭等，这些品种则可能需要上万元的资金才能展开投资。另外，对于原油期货、股指期货，这类投资的门槛则更高，往往需要投资者有50.00万元的可用资金。

所以，期货投资并非单纯的大额投资，其中也存在小额投资，投资者可以根据自身实际的经济情况选择合适的期货品种进行投资。

1.1.1 小额资金做期货

在常见的理财投资中，投资者主要是"以大博小"和"足额买卖"。例如，最为简单的银行存款，存入大额本金，然后获取小额的利息回报。又如股票交易足额买卖，手里有多少钱便买入多少股票，然后根据市场涨跌情况来获利。

但是期货则不同，它可以说是一种"以小博大"的投资方式，不需要投资者交纳全额资金，只需要根据规则交纳一定的保证金即可，如按照合约价值交纳百分之十或者百分之几的资金，便能进行百分之百的买卖交易（在后文中会详细介绍保证金交易制度，这里不多做说明）。

保证金交易制度是期货投资的特点，它能够使投资者以较小的交易成本做更大价值的投资，在降低投资者交易成本的同时，也能够进一步扩大投资者的收益。

对于大部分期货投资者来说，保证金制度是他们热衷于期货这种投资工具的原因，如果使用得当，可以使本金和盈利得到成倍的释放。但是，如果使用不当，就会给自己带来严重的亏损。

1.1.2　期货投资需要多少钱

交易成本是所有投资者在选择一种投资工具时首先要考虑的问题之一。如果一种投资工具交易手续费高、交易成本大，必然会降低投资者的投资热情。下面来看看期货投资交易需要多少成本。

◆ 开户费

期货投资跟股票投资一样，投资者在投资之前需要开立一个自己的交易账户，这其中就可能涉及开户费。期货开户是没有开户费用的，投资者只需要满足以下期货开户的条件，便可以免费办理开户。

①年满 18 岁的合法公民；

②持有有效身份证（距离身份证有效期限大于 3 个月）；

③至少持有一张银行借记卡（中国工商银行、中国农业银行、中国银行、中国建设银行、交通银行、中信银行和中国光大银行等）。

◆ 交易手续费

期货手续费是指期货交易者买卖期货成交后按成交合约总价值的一定比例所支付的费用，手续费的高低与交易的品种和成交额有关。其中，部分交易品种的手续费是固定的，即不论现价是多少、成交额是多少，一手的手续费是固定不变的。例如以上海期货交易所 2021 年 12 月 31 日更新的期货交易手续费用来看，铝、锌、锡为 3 元 / 手；铅、线材为成交额的0.04‰。

◆ 期货佣金

期货佣金是期货公司收取的交易手续费，佣金与手续费率相加为总交易费率。但是不同的期货公司收取的期货佣金不同，投资者应尽量选择佣金费率低的公司开户，更为划算。

◆ 挂单费

挂单费也被称为申报费，包括撤单费。但并不是所有的期货品种都有挂单费，只有股指期货投资时才会产生，其他期货品种没有。

◆ 交割费

期货是一种合约，有规定的有效期，即交割时间，到了时间完成交割后这个合约就没有了。例如沥青 2210 指的是在 2022 年 10 月交割，交割时需要产生相应的交割费。

◆ 仓储费

仓储费同样发生在交割的时候。当期货实物做交割时，需要在指定的地点交割，这就涉及实物仓储，因而会产生相应的仓储费。

对于大部分的普通投资者来说，交易手续费和佣金与自身密切相关，而挂单费、交割费和仓储费通常接触不到。具体的各种期货品种的手续费率或费用是多少可在期货交易所以及期货公司官网进行查看。

1.1.3 一万元可操作的期货种类

前面曾提到过期货交易资金的多少与其品种直接相关，有的期货品种要求大额资金才能做，有的期货品种小额资金也可以投。接下来就来了解一下在一万元以内可操作的期货品种。

实际上，单纯从投资交易额的角度来看，因为期货交易带杠杆，参与时只需要一定的保证金进行操作，所以如果是 1.00 万元的本金，除了部分有色金属不能参与外，80% 的期货品种都是可以参与的，尤其是农产品品种，例如玉米、豆粕和菜粕等，几千元就能操作。

但是，能做不代表没有投资经验的投资新手就可以直接参与。对于缺乏投资经验的投资者来说，除了考虑期货品种的交易金额外，还应该考虑投资风险等重要因素。期货品种可从以下几个方面进行筛选。

保证金低的期货品种。最好保证金能够在 5 000.00 元以下。

手续费用低的期货品种。虽然期货投资本身的手续费用较低，但是对于资金量较小的投资者来说，从中选择手续费用更低的期货品种投资会更好。

流动性好的期货品种。如果流动性不好，那么期货合约不容易成交，也不好出场。虽然占用保证金不大，但是也会占用资金。

波动幅度大的期货品种不选。例如焦炭、白银和铁矿等，虽然保证金没有超过 1.00 万元，但也在 1.00 万元附近，投资者可以操作。但是这些期货品种波动幅度较大，投资者做一手就算是重仓，稍微一波动，就会承受较大的投资风险。

波动幅度特别低的期货品种慎选。虽然波动幅度较大的期货品种不适合选择，但是波动幅度特别低的期货说明价格比较稳定，没有涨跌变化，那么投资者就没有多少获利空间。

经过这样一番筛选这里为投资者介绍一些比较常见的期货品种，如表 1-1 所示。

表 1-1　常见的期货品种

品　种	说　明
玉米	玉米作为农产品中最大的品种，其价格波动具有一定的季节性特征，但整体来看比较稳定，也比较便宜
玉米淀粉	玉米淀粉作为玉米的下游产品，与玉米价格关联性较强，同样受季节变化影响，具有较强的周期性
螺纹钢	螺纹钢独立性强，受外盘影响很小，走势独立，自主性强。其次，螺纹钢走势稳健，没有大涨大跌的激进走势，总是稳健地运行一个趋势直至结束再转入另一个趋势
鸡蛋	鸡蛋期货的季节规律性较强
豆粕	豆粕价格较低，投资者的投资成本也较低，且行情稳定
燃料油	燃料油是在上海期货交易所上市的品种，燃料油上市时间比原油上市的时间早，投资成本低，风险比原油低

品　　种	说　　明
豆粕	豆粕价格较低，投资者的投资成本也较低，且行情稳定
燃料油	燃料油是在上海期货交易所上市的品种，燃料油上市时间比原油上市的时间早，投资成本低，风险比原油低
石油沥青	石油沥青投资门槛低，但石油市场行情波动大，其中获利机会多，市场流动性高
菜粕	菜粕期货价格低，价格比较稳定，波动更小，盈亏比例较小
纯碱	纯碱期货在郑州商品交易所上市，纯碱又名苏打，是重要的基础化工原料，上市时间不长，保证金低
玻璃	玻璃期货是上市时间比较长的一个品种，走势比较稳定，价格较低

　　当然，除了上述介绍的一些期货品种之外，场内还有很多价格相对便宜的期货品种供投资者选择和操作。但是，任何投资都伴随着风险，低价格的期货品种并不代表低风险，投资者在投资过程中需要考虑风险，谨慎操作。

1.2　认识期货这种投资工具

　　虽然资金量少的普通投资者也可以做期货投资，但是因为期货与其他金融投资工具相比存在较大的区别，需要对其有详细了解后再进入期货市场，展开投资活动。

1.2.1　"期货"一词是怎么来的

　　期货从字面上解释就是固定期限的货物，即远期货物，也就是未来的货物。因此，期货的英文为"Futures"，是由"未来"一词演化而来。也就是交易双方不必在买卖发生的当下完成货物交收，而是共同约定在未来某一个时间进行货物交收。

期货与现货相对。现货指的是双方在当下交易时可以实实在在交收的货物，例如超市购买商品，一手交钱一手交货；而期房在此意义上则属于期货，购房者支付了买房款，但不能立即收到房子，而是与开发商约定交房时间，所以称为期房，即约定了交付期限的房子。

在了解了概念后，对于期货的来源，下面以一个小故事来进行说明。

示例讲解
期货来自生活

杨先生是一家粮食店的老板，需要经常到种植户家中收粮食。在收粮食的时候他发现，如果雨水较好，粮食长得好，种植户收成好，量大价格就比较便宜。但如果天公不作美，雨水不好，粮食长得不好，种植户的收成不好，量少价格就比较高。

为了避免收购粮食时因粮食产量少价格高，或者种植户将粮食卖给其他人导致自己收不到粮食，杨先生于是提前与种植户签订了买卖协议，约定两个月后粮食收割时他要收购一定数量的粮食。

但是因为两个月的时间比较长，谁也不知道两个月后粮食的价格实际会如何变化。通常，作为购买的一方认为价格会下跌，而作为卖货的一方则认为价格会上涨。所以，双方约定以现在的价格将种植户未来的这批粮食买下来，等两个月后粮食成熟再交割。于是，他们用白纸黑字的形式将交易内容写了下来，形成合约单。

上述案例中介绍的交易过程就是期货交易的前身。

紧接着越来越多的商人知道了这种货物购买方式，为了能够更加便捷地联系买卖双方，有人开起了交易所，专门连接买卖双方，做中间见证人，赚取中介费。随着交易的增加，渐渐出现了买卖双方已经签订合同，但买方又单方面毁约的情况，即买方买了期货，但是又不想要了。此时就需要转让合约单，将期货转给想要购买的其他买方，这就是期货交易。

详细来说，期货交易买卖的是由期货交易所统一制定的、规定在将来某一特定时间和地点交割一定数量标的物的标准化合约。期货合约中对应的现货可以是某种商品，也可以是某个金融工具，它不用要求买卖双方在交易发生时就进行商品或金融工具的交收，而是在未来某个时间进行。

1.2.2　区分期货与现货的差异

根据前面的介绍，我们知道在商品交易中涉及"期货"与"现货"两个概念，它们是期货交易的核心，投资者做期货投资需要明确二者之间存在的联系与区别。

期货与现货虽然是两个不同的概念，但它们并非全无关系。虽然期货的交易实际上是期货合约的交易，但是追根究底还是要到期交割实物，所以现货的价格会对期货价格产生影响。换言之，期货价格是以现货价格作为基础参考的。

另外，期货价格的变化对现货价格也会产生影响。因为有了期货市场之后，由于期货价格有竞争性、预测性和真实性，所以一般期货价格都会是该商品在全球的权威价格，因此期货价格进而影响到商品生产者和经营者的贸易活动，在不考虑其他因素的情况下，便会出现期货价格上涨带动现货价格上涨的情况。

总的来说，期货与现货并非单独存在的个体，而是彼此相互依存、相互作用、相互影响。但同时它们又是完全不同的两个概念，尽管都是商品交易，却存在较大差异。具体如表 1-2 所示。

表 1-2　期货与现货的区别

项　　目	期　　货	现　　货
交易对象	交易所制定的标准化合约	商品本身
交易方式	卖家没有商品也可以先卖，买家不需要商品也可以买	买家与卖家一对一实物交易，一手交钱一手交货
交易场所	期货交易所公开、公平、集中交易	交易场所较为分散，但也有集中交易的场所，如农副产品批发市场
商品范围	期货交易品种有限，以农产品、石油、金属商品以及一些初级原材料和金融产品为主	现货交易的品种范围广泛，一切可以流通的商品都可以
保障制度	在期货交易过程中，为了保障双方能够到期兑现，有相关法律法规规范期货交易行为	现货交易的保障主要是《合同法》，如果双方未能及时履行合约，则可以通过法律途径解决
结算方式	期货市场为保证买卖双方能够到期入市进行交割，设有保证金制度，且每日结算账户盈亏	现货交易是货到款清，大多数情况下是一次性结清

1.2.3　期权与期货一字之别差异巨大

在期货交易所中常常还会看到一个交易品种"期权"，它与期货只有一字之差。那它与期货有什么关系？又是怎么投资的呢？这里我们用一个小故事进行说明。

市场中有一套商铺房子价值 100.00 万元，因为房子地段好、交通便利、环境良好，具有很大的升值空间。投资者看中了这其中的利润想要买入获利，但是由于身上并没有 100.00 万元的资金，所以与房主协商。

双方约定，两个月后无论房子的市场价如何涨，该投资者都有权利以 100.00 万元的价格从房主手中买入该套房子，或者自己放弃。但是，为了获得该房子的购买权，投资者必须先支付 1.00 万元作为获得权利的费用双方订立了合约，这就是期权交易。

从实质上说，期权是在期货基础上衍生出来的。故事中，合约持有人在某一特定日期或之前可以某个固定价格（即行权价格）购入某种资产。

期权交易的获利方式与期货也有较大出入。期权投资的盈利方式主要有两个，即到期行权和合约转让。

（1）到期行权

到期行权指的是合约到期后，按照合约约定内容行使权利。以上述案例为例，两个月后商铺房子价格从100.00万元上涨至120.00万元，投资者按照约定以100.00万元的价格买入该套房产。扣除前期支付的1.00万元权利金费用，获得利润19.00万元。

如果两个月后房价下跌，从100.00万元跌至80.00万元。此时按照期权交易的特性，到期后买方有权利以约定价格购买，也有权利不买。所以此时投资者决定放弃购买权利，但需要承担前期支付的1.00万元权利金。

（2）合约的转让

合约的转让指的是在合约到期之前，期权合约购买者有权将合约转让给其他人。如果在合约存续期间，房价从100.00万元上涨至105.00万元，此时对应的期权合约价格也从1.00万元开始上涨，可能是2.00万元、3.00万元，甚至更多。因为两个月后的房价涨跌谁也不能保证，但此时的上涨却是实实在在的，所以期权投资者可以将手中的期权合约转让给其他投资者，赚取权利金的差价收益。

同样，如果在合约存续期间房价下跌，由之前的100.00万元下跌至95.00万元，甚至还有继续下跌的迹象。与此同时，对应的期权合约价格也会由1.00万元下跌。为了降低亏损程度，投资者可以将期权合约转让给其他投资者，以减少损失。

综上所述，可以发现期权与期货在投资中存在较大差异。具体如表1-3所示。

表 1-3　期权与期货的区别

项　　目	期　　权	期　　货
投资者义务	期权交易属于单向合约，买方在获得期权之后拥有到期购买的权利，也拥有到期不购买的权利	期货交易属于双向合约，交易双方都需要承担义务
保证金	买方支付权利金，卖方交纳保证金作为履约担保	买卖双方都需要交纳一定比例的保证金
合约价值	期权合约本身具有一定的价值	期货本身并没有实际价值
到期交易	期权到期，买方可选择行权或放弃行权，卖方只能被行权	期货合约到期，标的物便自动交割
收益特点	期权买方的收益受市场涨幅的变化而波动，但期权最大亏损为购买期权的权利金。而卖方的收益只是出售期权的权利金，亏损则不固定	买卖双方都面临着无限的盈利和亏损

期权和期货作为两种重要的金融投资工具，在投资方面具有重要作用，但是两者在本质上还存在较大差异，投资效果也不同。投资者在投资时不要混淆期权和期货。

1.2.4　清楚标准化期货合约内容

期货交易并非现货交易，而是标准化期货合约交易。所以，作为期货投资者有需要更有必要清楚标准化期货合约是怎么回事。

从概念上来看，期货合约指的是期货交易的买卖对象或者标的物，它是由期货交易所统一制定的。合约中规定了交易品种、单位、交割日期、地点等，唯一的变量是期货价格，它是通过公开竞价而达成的。

为了规范交易，标准化期货合约中的内容丰富，对商品品种、数量、质量和等级等都做出了标准化的规定，如图 1-1 所示为上海期货交易所 2020 年 8 月 31 日发布的铅期货合约。

交易品种	铅
交易单位	5吨/手
报价单位	元（人民币）/吨
最小变动价位	5元/吨
涨跌停板幅度	上一交易日结算价±4%
合约月份	1～12月
交易时间	上午9:00－11:30，下午1:30－3:00和交易所规定的其他交易时间
最后交易日	合约月份的15日（遇国家法定节假日顺延，春节月份等最后交易日交易所可另行调整并通知）
交割日期	最后交易日后连续三个工作日
交割品级	标准品：铅锭，符合国标GB/T 469—2013 Pb99.994规定，其中铅含量不小于99.994%。
交割地点	交易所指定交割仓库
最低交易保证金	合约价值的5%
交割方式	实物交割
交割单位	25吨
交易代码	PB
上市交易所	上海期货交易所

注：根据2020年8月18日上海期货交易所发布的公告〔2020〕134号修订

图 1-1 铅期货合约

从图中可以看到，一份标准化期货合约应该包含如下内容。

◆ **交易品种**：交易品种是投资者期货交易对应的现货品种，上图中的交易品种为铅。

◆ **交易单位**：交易单位指的是一份期货合约代表的标的物交易数量单位。

◆ **报价单位**：在公开竞价过程中对期货合约报价所使用的单位，即每计量单位的货币价格。

◆ **最小变动价位**：最小变动价位指期货交易时买卖双方报价允许的最小变动幅度，每次报价时价格的变动必须是这个最小变动价位的整数倍。

◆ **每日价格最大波动限制**：每日价格最大波动限制指交易日期货合约的成交价格不能高于或低于该合约上一交易日结算价的一定幅度，达到该幅度则暂停该合约的交易。

◆ **合约交割月份**：合约交割月份是指期货合约规定的交割的时间。

◆ **交易时间**：投资者交易期货的时间以交易所的交易时间为准。

◆ **最后交易日**：最后交易日指期货合约停止买卖的最后截止日期，每种期货合约都有一定的月份限制，到了合约月份的一定日期，就要停止合约的买卖，准备进行实物交割。

◆ **交割日期**：停止交易，完成期货合约约定的商品交割时间。

◆ **交割品级**：对所交割商品期货的质量要求。

◆ **交割地点**：买卖双方进行实物交割的地点，一般由交易所指定。

◆ **最低交易保证金**：投资者参与某种期货合约最低需要交纳的保证金比例，这也是投资者交易的门槛。

◆ **交割方式**：交割方式指期货合约到期时货物的交割方法。

◆ **交割单位**：交割单位是指期货合约进入实物交割时的最小单位。

◆ **交易代码**：期货合约上载明的商品代码，上图中铅的代码为"PB"。

◆ **上市交易所**：该份期货合约所属的交易所。

在上述期货合约内容中，作为小额资金投资者，通常最关心的是最低交易保证金，它是指投资者在这次交易中最低的入资比例。上图中最低交易保证金为合约价值的 5%，说明投资者投资该期货合约只需要投入合约价值 5% 的保证金即可。

1.3　买卖期货的交易场所

期货交易与现货交易的一个明显区别在于，现货在任何地方买卖双方都可以交易，但是期货交易则不同，它只能在期货交易所内进行，并且受到期货交易所的管理监督。所以，作为期货投资者怎能不清楚期货交易所呢？

1.3.1　期货交易所是什么

期货交易所从表面上理解就是一个提供期货买卖交易的场所，但是它除了提供交易场所外，在期货交易之中还有其他重要作用。接下来，我们来具体看看。

期货交易所是进行标准化期货合约买卖的场所，交易所按照其章程的规定实行自律管理，以其全部财产承担民事责任，但是它本身并不参与交易活动，也不参与期货价格的形成，更不拥有合约标的商品，只为期货交易提供设施和服务。

因此，期货交易所是一个非营利机构，它的宗旨在于为投资者提供一个公平、公正、公开的交易场所，然后在有效监督服务的基础上实现经济利益，例如会员会费收入、交易手续费收入以及信息服务费收入等。

期货交易所在期货交易中起着重要作用，具体来看包括以下六点。

①提供期货交易的场所、设施和相关服务。

②制定并实施交易所的相关规则。

③设计期货合约，安排合约上市。

④组织和监督期货交易，并监控市场的风险。

⑤保证期货合约的履行，监管会员的交易行为和交割行为。

⑥实时发布市场信息。

上海期货交易所、大连商品交易所、郑州商品交易所和中国金融期货交易所是大家熟知的四大期货交易所。每个期货交易所中的期货品种不同，各自的职能也不同，在后面的内容中将详细介绍。

1.3.2　上海期货交易所

上海期货交易所英文名为 Shanghai Futures Exchange，缩写 SHFE，它成立于 1990 年 11 月 26 日，是依照有关法规设立的，履行有关法规规定的职责，受中国证监会集中统一监督管理，并按照其章程实行自律管理的法人。该期货交易所上市交易的有黄金、白银、铜、铝、锌、铅、螺纹钢、线材、燃料油、天然橡胶、石油沥青、热轧卷板、镍、锡等期货合约。

为了方便投资者投资交易，上海期货交易所推出了自己的官网平台（http://www.shfe.com.cn/），如图 1-2 所示。

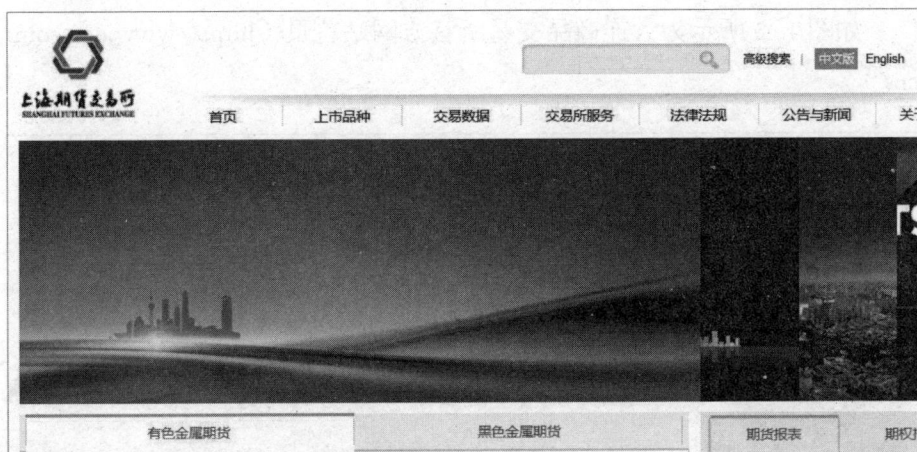

图 1-2　上海期货交易所官网首页

在官网平台中投资者可以快速查询到重要的期货交易信息，帮助投资研判。目前，上海期货交易所的交易时间如下。

上午：9:00—10:15；10:30—11:30。

下午：1:30—3:00。

夜间：9:00—次日凌晨 2:30。

上海期货交易所集合竞价时间为交易日的 8:55—8:59；撮合为交易日的 8:59—9:00。

1.3.3 大连商品交易所

大连商品交易所英文名称为 Dalian Commodity Exchange，缩写 DCE。大连商品交易所成立于 1993 年 2 月 28 日，是著名期货交易所之一，也是中国东北地区唯一一家期货交易所。

经证监会批准，已上市的品种有玉米、玉米淀粉、黄大豆 1 号、黄大豆 2 号、豆粕、豆油、棕榈油、鸡蛋、纤维板、胶合板、聚乙烯、聚氯乙烯、聚丙烯、焦炭、焦煤、铁矿石等期货品种，以及豆粕、玉米等期权工具。

如图 1-3 所示为大连商品交易所官方网站首页（http://www.dce.com.cn/）。

图 1-3　大连商品交易所官网首页

大连商品交易所的交易时间为每个交易日的上午 9:00—11:30；下午 1:30—3:00。

1.3.4　郑州商品交易所

郑州商品交易所英文名称为 Zhengzhou Commodity Exchange，缩写ZCE，是国务院批准成立的首家期货市场试点单位，成立于 1990 年 10 月12 日，在现货远期交易成功运行两年以后，于 1993 年 5 月 28 日正式推出期货交易，是中西部地区唯一一家期货交易所。交易的品种有强麦、普麦、PTA、棉花、白糖、菜籽油、早籼稻、玻璃、油菜籽、菜籽粕、甲醇等期货品种。

如图 1-4 所示为郑州商品交易所官网首页（http://www.czce.com.cn/）。在其官方网站上投资者可以快速查看到交易所期货品种的各类信息和交易数据。

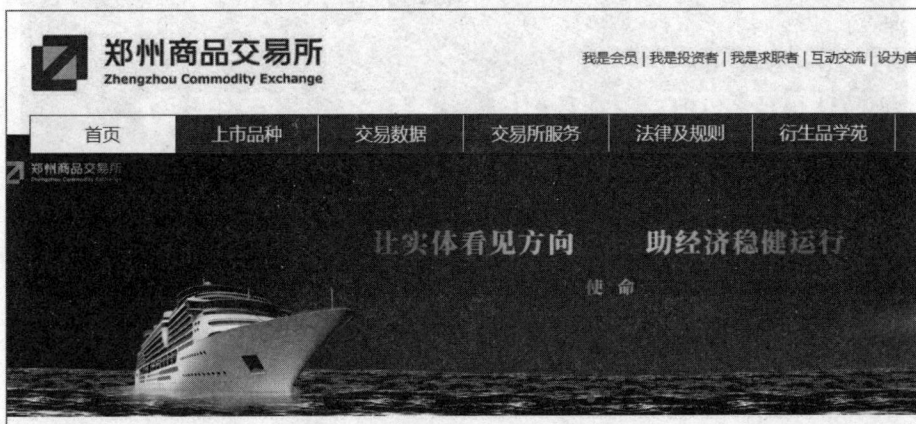

图 1-4　郑州商品交易所官网首页

郑州商品交易所的交易时间为集合竞价 8:55—9:00，撮合 8:59—9:00；交易时间上午：9:00—10:15，10:30—11:30，下午：1:30—3:00，夜间 9:00—11:30。

1.3.5　中国金融期货交易所

中国金融期货交易所英文名为 China Financial Futures Exchange，缩写

CFFEX，它是经国务院同意，中国证监会批准设立，由上海期货交易所、郑州商品交易所、大连商品交易所、上海证券交易所和深圳证券交易所共同发起，于 2006 年 9 月 8 日在上海成立。

它的成立具有重要战略意义，上市的交易品种有沪深 300、上证 50、中证 500 股指期货和 2 年期、5 年期、10 年期等国债期货等。

如图 1-5 所示为中国金融期货交易所官网首页（http://www.cffex.com.cn/）。

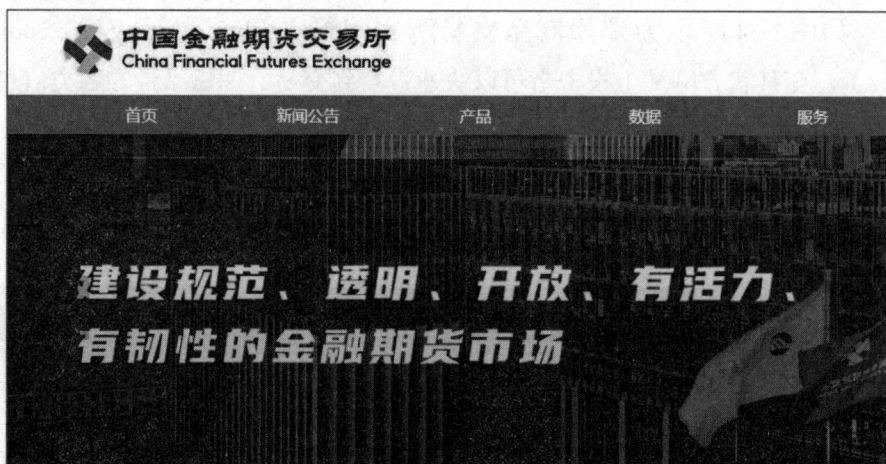

图 1-5　中国金融期货交易所官网首页

中国金融期货交易所的交易时间为每个交易日的上午 9:15—11:30，下午 1:00—3:15 两个时间段。

拓展贴士 *上海国际能源交易中心*

上海国际能源交易中心是经中国证监会批准，由上海期货交易所发起设立的、面向期货市场参与者的国际交易场所，上市交易的品种有原油、低硫燃料油、20号胶等。

第 2 章

初入期市投资账户必须要有

　　在进行期货投资之前每个投资者都需要拥有一个自己的期货交易账户，它是用于交易履约结算和提供担保的资金信用账户，投资者只有拥有了期货账户才能完成投资过程中的所有交易操作。

- 期货开户步骤全知道
- 安装一款期货交易软件
- 期货软件操作指南
- 多渠道查看期货行情

2.1 期货开户步骤全知道

期货账户是投资者参与期货投资的基础，换句话说，所有投资者做期货投资都需要开立一个期货账户。期货开户比较简单，尤其是在互联网高速发展的今天，开户也变得更加便捷，但是对于一些没有接触过期货的新手投资者来说，期货开户仍然如"丈二和尚摸不着头脑"，这里我们就来看看期货开户是怎么做的。

2.1.1 选择一家优质的期货公司

在前面的内容中介绍了任何期货交易只能在期货交易所内进行，但是期货交易所实行会员制，只有交易所会员才能操作。通常，期货交易所的会员包括期货公司和交易所自营会员，因此，普通投资者想要做期货投资，只能通过期货公司来进行，这就要求投资者在期货投资之前首先需要选择一家优质的期货公司。

市场上的期货公司有很多，质量参差不齐，投资者需要从众多期货公司中选择一家好的、靠谱的期货公司。选择期货公司可以从以下几个方面入手。

◆ 合规经营的期货公司

期货公司经营的合规性是我们选择期货公司的首要条件，如果投资者选择了一家不正规的期货公司，那么资金安全没有保障。所有正规的期货公司都有合法的金融牌照，可以在证监会官网查询期货公司的合法机构名录，看看自己选择的期货公司是否在列。

另外，用户还可以去中国期货业协会官方网站（http://www.cfachina.org），在"信息公示／期货公司基本情况"页面中查看机构名称及机构编号，能够在协会网站上公示的，就是正规的期货公司。

如果已经开过期货账户了，可以通过"中国期货市场监控中心"进行查询。在已经开过期货账户、有客户号的情况下，咨询开户所在期货公司自己的保证金监控中心的账户，然后登录查询。如果可以登录，那么开的户就是正规账户，若无法正常登录，那就不是正规期货账户了。要知道所有正规的期货账户都有保证金监控中心账户，通过期货保证金监控中心保障投资者的资金安全。

◆ **选择评级更高的期货公司**

即便都是正规的期货公司，也存在优劣之分，对于这一点，投资者可以借助期货公司评级来进行筛选。期货行业的评级活动是由证监会负责，期货交易所与市场监控中心、行业协会共同辅助开展的。

评级主要分为 A、B、C、D、E 五大类别，然后细分为 AAA、AA、A、BBB、BB、B、CCC、CC、C、D、E 共 11 个级别。划分的依据主要是公司的风险管理能力、市场综合竞争力、培育和发展机构投资者状况以及持续合规状况等。

其中，AAA 这个级别是最优级别，这类级别的期货公司无论是公司资质，还是交易投资效果都是比较稳定安全的。相反，级别低的期货公司，投资者在选择时就要更谨慎一些，多加留心。

投资者可以直接登录中国期货业协会网站查看期货公司的评级情况，方便快捷。

◆ **选择手续费低的期货公司**

期货投资手续费包括两个部分，即期货交易所手续费和期货公司佣金。其中期货交易所手续费是交易所统一规定的，但是期货公司佣金却因为期货公司的不同而不同。

如今市面上期货公司的佣金从一分到数十元不等，其中最便宜的便是一分佣金。由于之前国内的期货公司为抢占市场而打价格战采取零佣金，推出之后被证监会叫停，因为这属于恶性竞争。在零佣金被叫停后，有的期货公司推出了 1 分钱佣金。

对此，很多人会产生疑惑，一分钱佣金不就相当于免费吗？期货公司怎么营利呢？实际上，期货公司是有收入的，交易所手续费中的部分会退还给期货公司，除此之外，针对投资者的保证金也会有利息收入，而这个利息也是期货公司的收入。因此，低佣金只是让出了部分利润空间而已。但对于投资者来说，低佣金是一件好事，当然前提是正规且评级好的期货公司。

除此之外，市场中还有很多高佣金的情况。通常高佣金都是针对新用户，很多期货公司默认给客户开出的佣金费率为 2 ～ 6 倍或 1.5 倍交易所手续费。

例如黄金期货投资，交易所每手收 10.00 元手续费，如果投资者以 1 分钱费率进行投资，那么开仓一手需要交 10.01 元，平仓一手需要交 10.01 元，总的手续费为 20.02 元。但如果此时投资者选择的是高费率期货公司，以两倍手续费进行结算，那么此时黄金期货投资开仓一手需要 30.00 元，平仓一手需要 30.00 元，总的手续费就需要 60.00 元。黄金的一个盈亏点是 50.00 元，如果投资者获利一个点就抛售，手续费用都不够，还要贴钱。由此可以看出，选择低手续费期货公司的重要性。

另外，还需要注意的是，一个投资者是可以拥有多个期货账户的，但是在一个期货公司只能开一个账户。也就是说，如果投资者发现了多个比较优质的期货公司，可以多开几个期货账户。因为期货账户的交易编码由期货公司的编码和客户编码组成。一个身份证在交易所只能生成一个客户编码，而不同的期货公司有不同的公司编码，所以投资者去另外一家期货公司开户时，原来的客户编码是不变的，只不过公司编码会发生变化。因此，即使客户编码是不变的，但是不同的公司代码与原来的客户编码组合，就可以形成不同的期货账户。

2.1.2 开立自己的投资交易账户

选择出正规、优质的期货公司之后就可以在期货公司办理开户了。为了便于用户轻松开户，现在的期货公司通常实行网上开户，即通过期货公司的官网或 App 进行开户操作，无须到期货公司营业部办理，全程网上操作简单便捷，网上开户流程如图 2-1 所示。

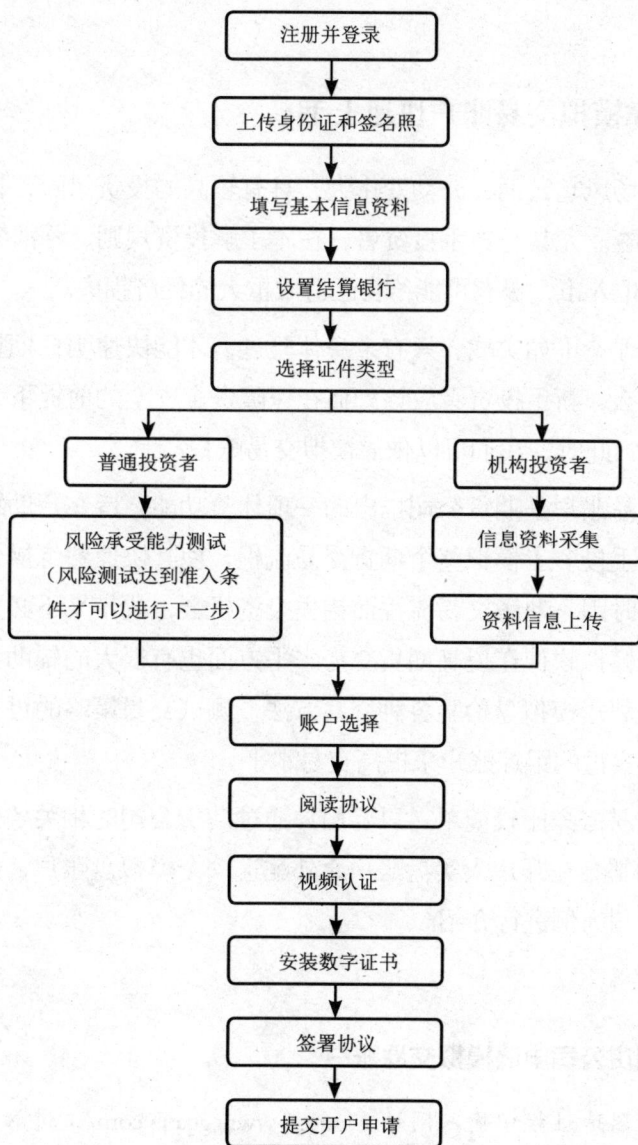

```
                    ┌──────────────┐
                    │   注册并登录   │
                    └──────┬───────┘
                    ┌──────▼───────┐
                    │ 上传身份证和签名照 │
                    └──────┬───────┘
                    ┌──────▼───────┐
                    │  填写基本信息资料  │
                    └──────┬───────┘
                    ┌──────▼───────┐
                    │   设置结算银行   │
                    └──────┬───────┘
                    ┌──────▼───────┐
                    │   选择证件类型   │
                    └──────┬───────┘
           ┌───────────────┴───────────────┐
    ┌──────▼───────┐                 ┌──────▼───────┐
    │   普通投资者   │                 │   机构投资者   │
    └──────┬───────┘                 └──────┬───────┘
    ┌──────▼───────────┐             ┌──────▼───────┐
    │  风险承受能力测试   │             │   信息资料采集   │
    │（风险测试达到准入条 │             └──────┬───────┘
    │ 件才可以进行下一步）│             ┌──────▼───────┐
    └──────┬───────────┘             │   资料信息上传   │
           │                         └──────┬───────┘
           └───────────────┬───────────────┘
                    ┌──────▼───────┐
                    │   账户选择     │
                    └──────┬───────┘
                    ┌──────▼───────┐
                    │   阅读协议     │
                    └──────┬───────┘
                    ┌──────▼───────┐
                    │   视频认证     │
                    └──────┬───────┘
                    ┌──────▼───────┐
                    │   安装数字证书   │
                    └──────┬───────┘
                    ┌──────▼───────┐
                    │   签署协议     │
                    └──────┬───────┘
                    ┌──────▼───────┐
                    │   提交开户申请   │
                    └──────────────┘
```

图 2-1　期货账户网上开户流程

尽管不同期货公司可能在开户的流程上存在细微的差别，但是大致流程如上图所示。投资者在开户之前准备好相关的个人资料，包括身份证、银行卡和签名照，根据上述流程和步骤，按照期货公司官网页面提示进行操作即可。

2.1.3 依靠模拟交易账户快速上手

期货市场风起云涌，波动变化大，具有较高的投资风险，盲目入市投资会放大危险。尤其是新手投资者，在不了解投资规则、不清楚市场动向的情况下匆忙入市，极有可能给自己造成重大的经济损失。

但是，理论不如实战，只有亲身体验过，才能快速明白期货投资是怎么回事。那么，新手投资者应该如何在保障资金安全的前提下，实际体验期货投资呢？此时，我们可以依靠模拟交易账户。

模拟交易账户是期货公司推出的一项体验功能，旨在帮助缺乏期货投资经验的新手投资者模拟整个期货交易流程，使其快速熟练操作，从而避免实盘操作时因不熟悉交易流程而错失投资机会，或带来不必要的损失。另外，期货模拟软件在提高期货交易水平方面也有很大的辅助作用，投资者可以充分利用模拟盘检验各种交易方法，测试交易策略的可行性，也可以作为对照实盘的跟踪账户来提高交易水平。

模拟交易账户比较简单，只要用户通过期货公司的相关条件审核。通常期货公司都会在开户人实盘账户之外配送一个模拟盘账户，这里以国泰君安期货公司为例进行介绍。

示例讲解
国泰君安期货公司申请模拟交易账户

在浏览器地址栏中输入网址（https://www.gtjaqh.com/）进入国泰君安期货公司官网首页。向下滑动页面，单击"仿真开户"超链接，如图 2-2 所示。

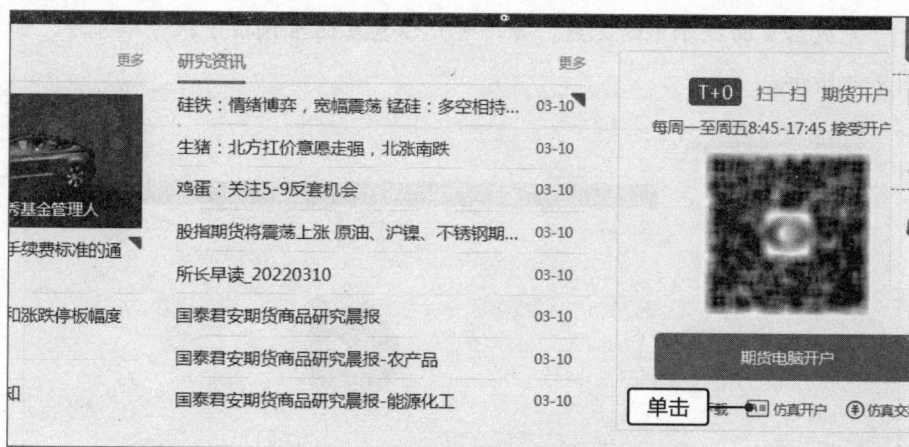

图 2-2　单击"仿真开户"超链接

　　进入模拟账户申请页面，根据页面提示输入个人信息，完成后单击下方"提交"按钮，如图 2-3 所示。

图 2-3　输入个人信息

完成后页面提示申请完成，等待开户信息发送至预留手机号码即可，如图 2-4 所示。

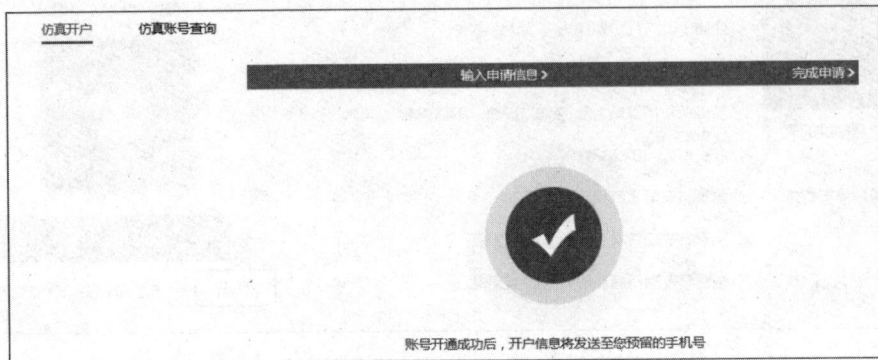

图 2-4　完成申请

账号申请成功后，投资者便可登录模拟交易软件进行期货交易的模拟操作了。

2.2　安装一款期货交易软件

当投资者在期货公司完成账户开立之后，就可以下载期货软件进行投资操作了，但此时期货公司通常会推荐投资者使用自己公司开发或合作的投资交易软件。这些软件需要使用投资账户进行登录，然后才可以看盘与下单。然而市场中的期货交易软件非常多，投资者在使用操作之前可以多筛选，再做决定。

2.2.1　了解不同类型的期货软件

工欲善其事，必先利其器。在期货投资中，期货软件是一个重要的工具，选择一个合适的期货软件对投资者来说尤为重要。但是市场中的期货软件有很多，常常令人眼花缭乱，尤其是一些刚入门的新手投资者往往不知道如何筛选。

市场上的期货软件功能不尽相同，从功能的角度来划分可以分为以下 5 类，具体如表 2-1 所示。

表 2-1　期货软件类别

期货软件名称	说　明
经纪公司交易软件	是期货公司提供的交易软件，投资者可以在上面轻松完成投资操作
经纪公司的行情软件	期货经纪公司的行情软件不能实现交易，它最大的特点是实时显示期货的盘面变化，并且提供多种外盘行情，其客户端操作简便。此外，根据不同的行情资讯，经纪公司行情软件分为免费版与收费版
综合类行情软件	综合类行情软件的发布者一般是期货投资门户网站，这类软件提供看盘、交易和分析等服务。最关键的是，它可以不需要注册就能直接使用，部分软件还提供模拟交易，非常适合新手投资者使用，例如和讯期货提供的客户端等
模拟交易软件	可使用模拟账户在软件上进行登录，只是在模拟软件上进行的操作是没有实际意义的，只适合投资者进行操盘演练，巩固投资技术

2.2.2　选择一款适合自己的期货软件

随着对期货交易的关注和了解，投资者也会发现如今市面上的期货软件比较多，虽然都能实现期货交易，但不同的软件带给人的使用感受却不同。尤其是一些新手投资者在入门时，如果选择了一款质量不佳的期货软件，即便后期发现更优质的期货软件，也会因为不习惯而无法更换。因此，在入市之初就要筛选出一款真正适合自己的期货软件。

选择软件应该从其特点和功能两方面出发，下面来看看市场中主流的一些期货软件各自的特点和优势。

（1）文华财经

文华财经期货软件是网上商品现货、商品期货和股票行情软件，其功能强大，主要针对手动下单的交易者们，它集行情分析与下单于一身，操作简单、便捷、灵敏，比较适合对技术分析、个性化定制有需求的投资者。文华财经的特色功能包括以下 4 个。

◆ **云端交易**：文华财经期货软件具有云端交易功能，该功能支持在断电、断网的情况下交易也不受影响。用户使用软件时不需要盯盘，还能自动委托，即便用户离开电脑也能实现手机监控、便捷交易。通过对软件进行设置可以实现有效漫游，给投资者带来极大便利。

◆ **画线下单**：画线下单可以脱离下单的主窗口，直接在图上画线便可以实现复杂的委托设置。

◆ **三键下单**：三键下单功能将"开"和"平"独立分区，以便通过电脑就能帮助用户进行方向判断，简化下单思考。

◆ **深度行情**：文华财经中带有深度行情功能，便于投资者们选择和配置中金所和大商所 5 档深度行情，能够帮助投资者们捕捉更多的投资机会。

但是，文华财经的行情界面对于新手投资者来说有一点儿复杂，它更适合有一定经验的技术型期货投资者。

（2）博易大师

博易大师是国内比较主流的一款交易投资软件，用户量比较大，它集期货、证券和外汇行情于一身，支持期货、金融指数、外汇和期权仿真等市场的实时行情和图表显示，方便投资者查看分析。

相较于其他期货软件，博易大师最主要的特点就是界面简洁、经典，即便是期货投资新手也能快速上手，轻松使用。

（3）快期期货

快期期货（信易科技）是一个包括行情、资讯、新闻、策略、专家分析与解说的软件，投资者通过快期期货能够快速获取专业、详尽的期货信息与服务。快期期货的主要功能特点有以下几个。

- ◆ 实时、动态、完整地揭示账户资金、权益、委托和持仓等全部信息，帮助投资者清晰了解投资的收益与风险。
- ◆ "自动开平"功能和多区域下单，提供全鼠标或全键盘的简洁、快速操作。
- ◆ 支持各种预设的风格和灵活的自定义界面，满足用户的个人操作习惯。

（4）同花顺期货

同花顺期货是同花顺旗下的一款集行情、交易、开户、资讯与特色服务于一身的专业期货软件。同花顺的优势在于能够为用户提供新鲜、热门、齐全的数据，帮助投资者及时掌握期货市场数据走势，以及市场动向。

因为同花顺比较出名的是股票软件，很多习惯了同花顺股票软件的投资者在选择期货软件时会倾向选择同花顺期货。

（5）东方财富期货

东方财富期货是包括工业品、农产品、股指期货以及期权等多种期货投资交易的期货软件。软件提供了交易、行情、资讯和社区等一站式投资服务。

（6）和讯期货

和讯期货是和讯旗下的一款专门为期货行情服务的软件，它提供了各大交易所的期货行情和资讯，能够帮助投资者捕捉有用的市场信息。在功能方面，除了提供基础的图表分析外，还有持仓分析和建议，帮助投资者们更好地投资。

当然，除了上面介绍的这些期货软件外，市场中还有很多优秀的软件，投资者可以多方面对比，选择一款符合自己操作习惯且容易上手的期货软件，当然，必须是正规的期货软件。

2.2.3　下载并安装交易软件

要想使用这些期货软件，首先需要下载并安装至电脑，这些软件通常都能直接在期货公司的官网上下载，简单快捷。下面以永安期货为例进行操作介绍。

示例讲解
下载并安装期货交易软件

进入永安期货官网首页（http://www.yafco.com/），在页面中单击"网上营业厅"超链接，在打开的下拉列表中单击"正式行情交易"超链接，如图2-5所示。

图 2-5　单击"正式行情交易"超链接

进入交易软件列表页面，其中列示了多款不同的期货交易软件，投资者可以在页面中选择合适的交易软件并单击"软件下载"按钮进行下载，如图2-6

所示。这里选择永安文华赢顺，它是文华财经推出的期货投资软件，软件中品种齐全、功能强大。

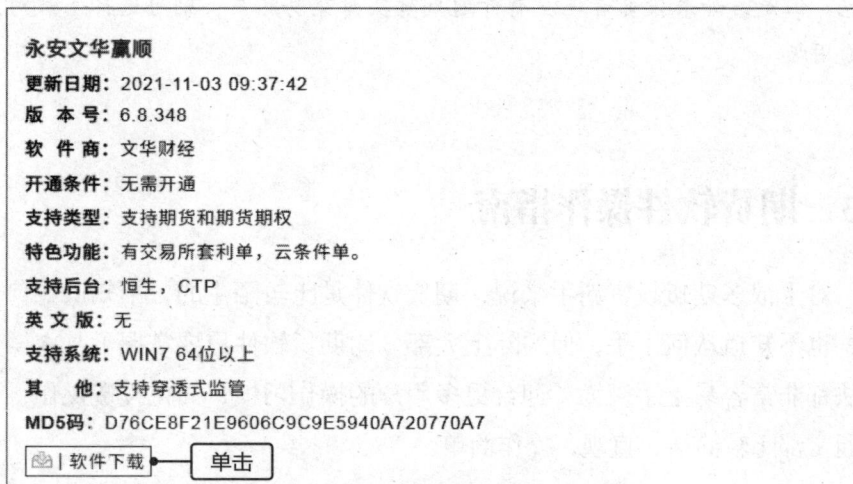

永安文华赢顺
更新日期：2021-11-03 09:37:42
版　本　号：6.8.348
软　件　商：文华财经
开通条件：无需开通
支持类型：支持期货和期货期权
特色功能：有交易所套利单，云条件单。
支持后台：恒生，CTP
英　文　版：无
支持系统：WIN7 64位以上
其　　　他：支持穿透式监管
MD5码：D76CE8F21E9606C9C9E5940A720770A7
软件下载 ← 单击

图 2-6　单击"软件下载"按钮

随后页面打开"新建下载任务"对话框，设置好储存位置后，单击"下载"按钮，如图 2-7 所示。

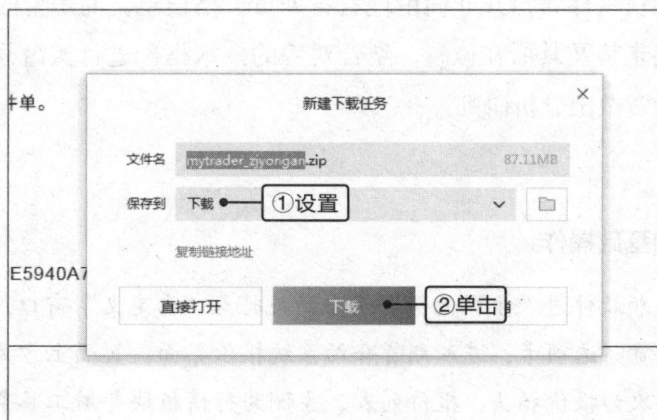

新建下载任务　×
文件名　mytrader_zjyongan.zip　87.11MB
保存到　下载 ←①设置
复制链接地址
直接打开　下载 ←②单击

图 2-7　下载软件

下载完成后，根据页面提示安装并打开软件便可以直接使用了。需要注意的是，各大实盘交易版本通常都是各家期货公司定制使用的，例如我们通过永安期货公司官网下载的文华赢顺就适合永安期货公司。如果投资者开户的期货公司不同，就需要到文华财经公司官网下载对应的期货公司定制版安装包。但是，如果投资者还没有开通期货实盘交易账户，则可选择下载对应的通用版。

2.3 期货软件操作指南

对于很多期货投资新手来说，期货软件是比较陌生的，不知道如何操作，也不知道从何下手，但实际上大部分的期货软件只要掌握了基本操作方法都非常容易上手，为了迎合更多用户的操作习惯，简化投资操作，页面通常都比较简洁、直观，操作简单。

这里我们以文华赢顺为例进行简单的软件操作介绍。

2.3.1 基本窗口界面切换

利用期货软件看盘并非简单地看看期货价格信息，而是全面地查看期货当前价格走势及其所在位置，结合对应的技术指标进行实盘分析，从而对后市的投资做出分析研判。

示例讲解
赢顺看盘的基础操作

打开赢顺软件进入主界面，页面自动跳转至"自定义"窗口，在页面左侧单击"期货"选项卡，进入期货合约系统报价界面，页面上方为系统工具条，下方依次为报价抬头、报价列表，左侧为行情板块导航工具条。在期货列表中可以看到各个期货合约的基本情况，包括买价、卖价、买量、卖量以及成交量等。选择并双击目标期货合约，如图2-8所示。

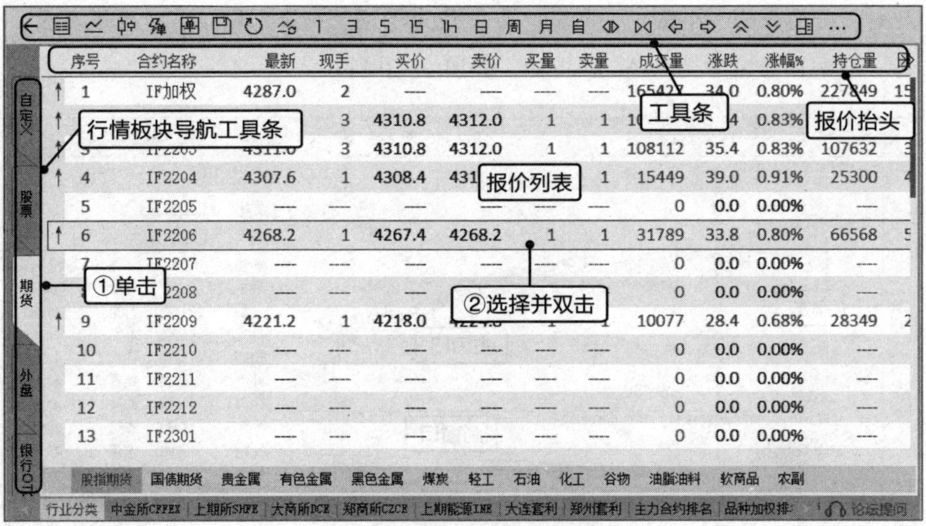

图 2-8　双击目标期货合约

系统自动跳转至目标期货价格分时图，此时将鼠标光标移动到图中的任意位置即可看到该时间点的价格详情，如图 2-9 所示。

图 2-9　价格分时走势

单击左侧 "K 线图" 选项卡，自动跳转至目标期货合约价格 K 线图界面。

此时，页面分为3个窗口，主窗口为K线走势图，一个副图子窗口为成交量，另一个副图子窗口为MACD指标，如图2-10所示。

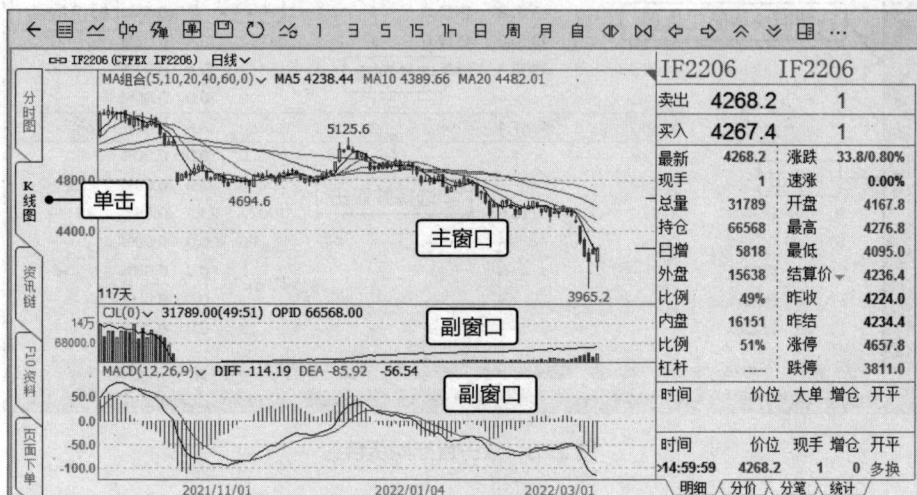

图2-10　K线图走势

如果投资者想要更换其他技术指数，例如BOLL指标，则在K线图中右击，选择"技术指标／趋势分析指标（主图）/BOLL"命令即可，如图2-11所示。

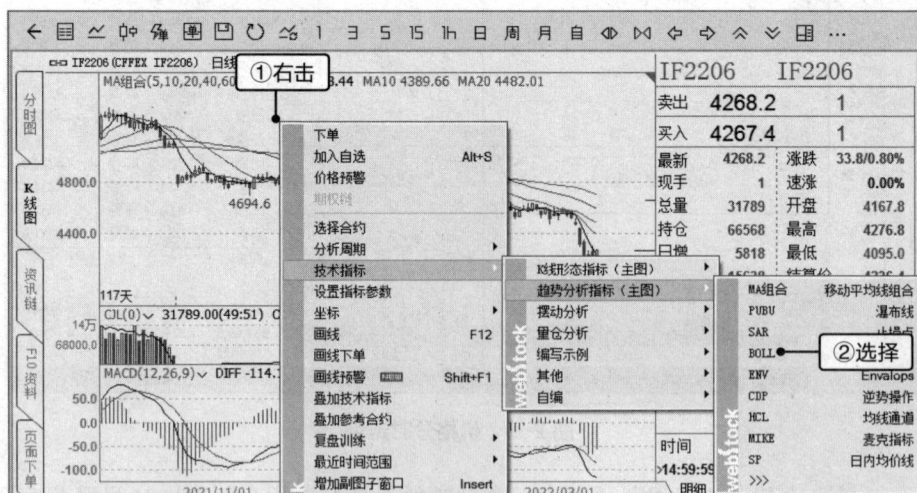

图2-11　更换技术指标

页面自动跳转回 K 线走势图，可以发现原本 K 线图中的 MA 指标变为了 BOLL 指标，如图 2-12 所示。

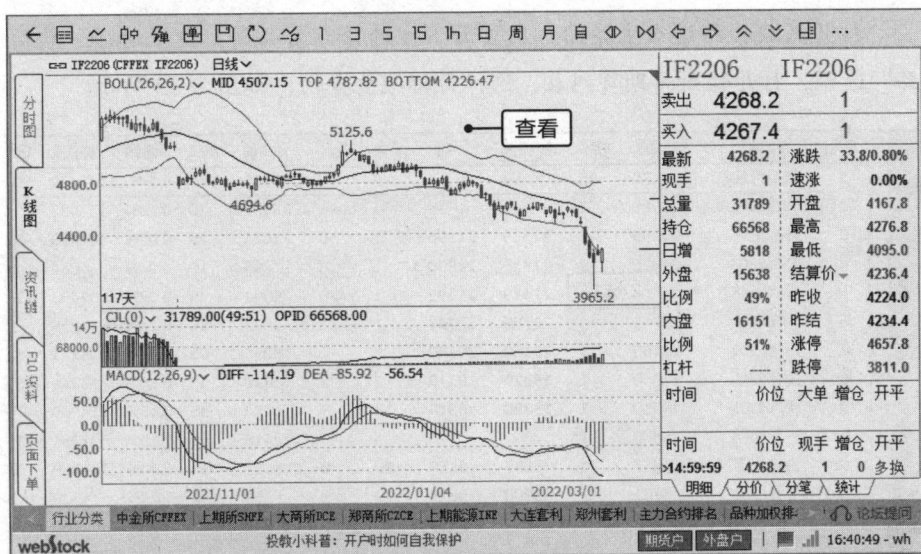

图 2-12 查看 BOLL 指标

以上便是期货投资交易中最简单的几个基本界面切换，对于投资者来说，实盘分析和盘面监测都在这几个页面中完成，所以每位投资者都有必要知道这几个基本的操作页面。

2.3.2 叠加关联合约作对比

关联合约的价格走势之间会存在一定的变化关系，例如指数会带动商品价格变化，所以投资者在投资分析时不仅要注意目标期货合约的价格走势变化，还要注意其关联合约的价格走势。

但是，这样频繁地在两个合约中进行切换观察比较麻烦，如果能够将两个合约的 K 线叠加在一张图上，投资者便能更加直接、轻松地发现关联合约之间存在的价格变化关系。期货交易软件为我们提供了这一叠加功能。

叠加关联合约

打开赢顺软件进入主界面，在页面下方选择期货品种，这里选择"软商品"选项，打开软商品期货列表，选择目标期货合约，如图 2-13 所示。

	序号	合约名称	最新	现手	买价	卖价	买量	卖量	成交量	涨跌	涨幅%	持仓量	
↓	1	软商板块	181.70	45	——	——	——	——	261115	-0.25	-0.14%	1101332	9
↓	2	郑棉加权	20985	2	——	——	——	——	88701	-20	-0.10%	463980	-2
↑	3	郑棉主连	21390	2	21385	21395	1	50	71041	5	0.02%	307493	-2
↑	4	郑棉2203	21825	2	21825	21990	1	8	95	15	0.07%	4664	
↑	5	郑棉2205 M	21	②选择 2	21385	21395	1	50	71041	5	0.02%	307493	
↓	6	郑棉2207	20745	3	20730	20745	1	2	8397	-30	-0.14%	45258	
↓	7	郑棉2209	20165	1	20160	20180	1	1	8056	-65	-0.32%	78721	
↓	8	郑棉2211	19340	1	19320	19370	4	2	828	-65	-0.33%	13275	
↓	9	郑棉2301	18910	1	18880	18915	13	3	284	-35	-0.18%	14569	
↓	10	白糖加权	5880	1	——	——	——	——	172415	-11	-0.19%	637351	11
↓	11	白糖主连	5857	1	5857	5858	20	9	111691	-12	-0.20%	369389	3
↓	12	白糖2203	5701	——	5800	5814	19	9	50	-107	-1.84%	4720	
↓	13	白糖2205 M	5857	1	5857	5858	20	9	111691	-12	-0.20%	369389	

股指期货　国债期货　贵金属　有色金属　黑色金属　煤炭　轻工　石油　化工　谷物　油脂油料　软商品 ●本副 ①选择

图 2-13　选择期货品种

进入郑棉 2205 的分时走势，单击左侧"K 线图"选项卡，如图 2-14 所示。

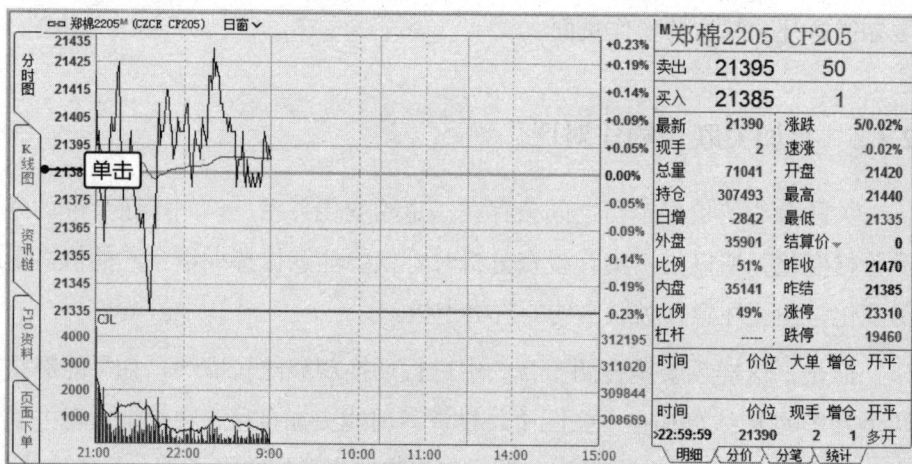

图 2-14　单击"K 线图"选项卡

进入郑棉 2205 的 K 线走势图，在页面主窗口中右击，在弹出的下拉菜单中选择"叠加参考合约"选项，如图 2-15 所示。

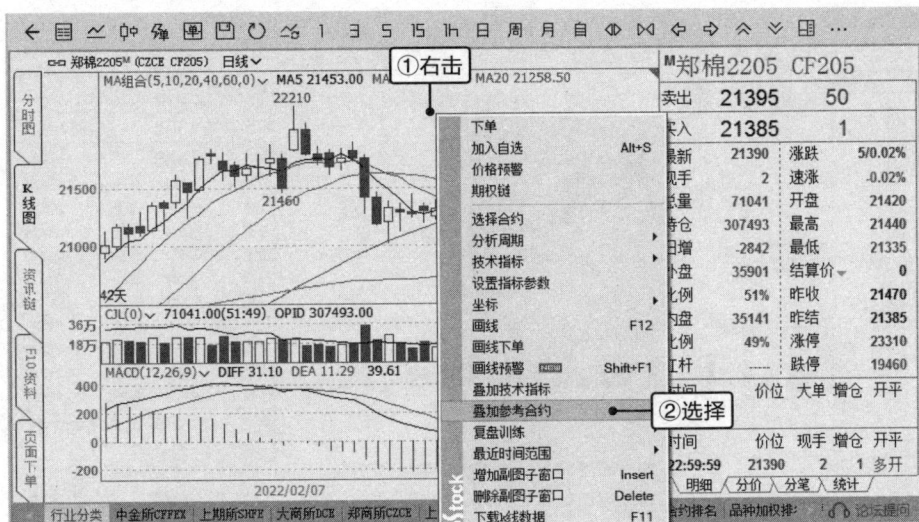

图 2-15 选择"叠加参考合约"选项

打开"叠加参考合约"对话框，滑动滑块选择需要叠加的参考合约，然后单击"确定"按钮，如图 2-16 所示。

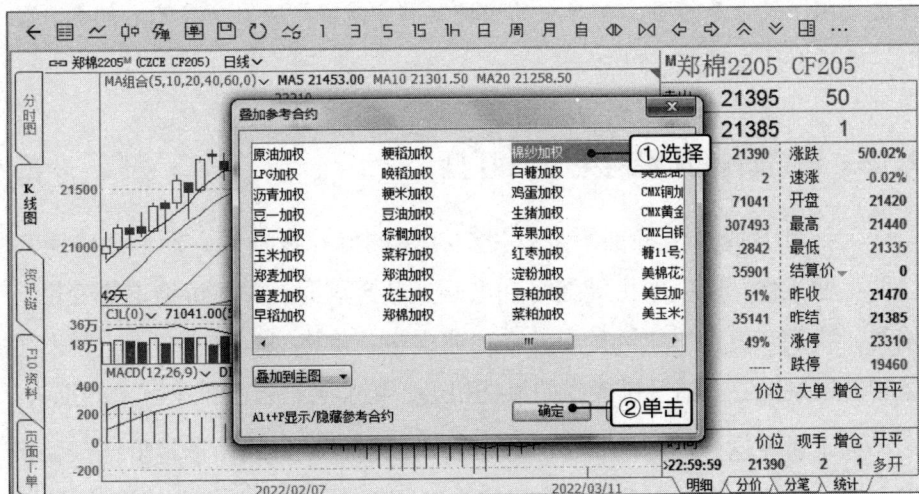

图 2-16 选择叠加参考合约

页面自动跳回 K 线图页面，在页面中可以看到两个关联期货合约的 K 线走势情况，如图 2-17 所示。

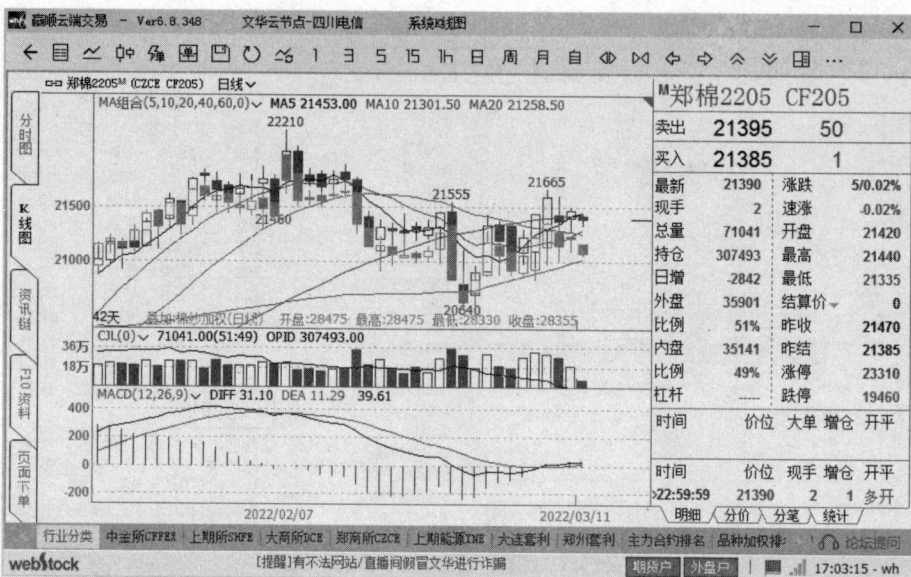

图 2-17　查看对比关联期货合约的走势

为了便于查看，用户还可以关闭右侧的盘口信息，直接按【Ctrl+L】组合键关闭，或者是右击，在弹出的快捷菜单中选择"更多／显示右侧盘口信息"选项进行关闭。

2.3.3　设置价格预警避免时时盯盘

大部分普通投资者都不是以投资为主的专业投资人，他们通常有自己的主业工作，所以不可能随时在电脑上盯紧盘面、关注价格走势变化。但是，我们知道市场永远处于波动变化之中，价格很有可能在下一秒发生急转，如果投资者错过了操作的最佳机会，可能会给自己带来巨大的损失。

为了避免这一情况的发生，投资者可以通过期货软件设置价格预警来提醒自己，避免价格变动超出自己的心理预期，从而有效控制投资的风险。

示例讲解
设置价格预警

打开赢顺软件进入主界面，在页面下方选择期货合约，双击合约进入合约分时界面。在页面中右击，在弹出的快捷菜单中选择"价格预警"选项，如图 2-18 所示。

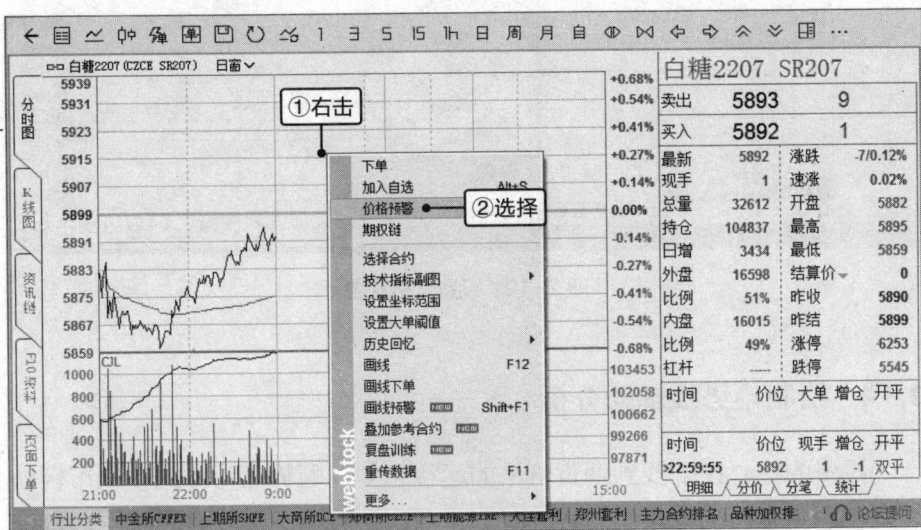

图 2-18 选择"价格预警"选项

打开"添加预警合约"对话框，在对话框中选中"价格上限"和"价格下限"复选框，并分别输入价格数值，单击"确定"按钮确认设置的价格预警上限和下限，如图 2-19 所示。设置完成后，当期货合约价格波动情况触及设置的价格上下限制条件时，电脑就会发出警报提示音，提醒投资者避免错过行情。

除了设置价格上下限外，还可以设置涨幅跌幅阈值、速涨速跌阈值以及持仓量上下限等，投资者可以根据自己的实际需要进行设置。

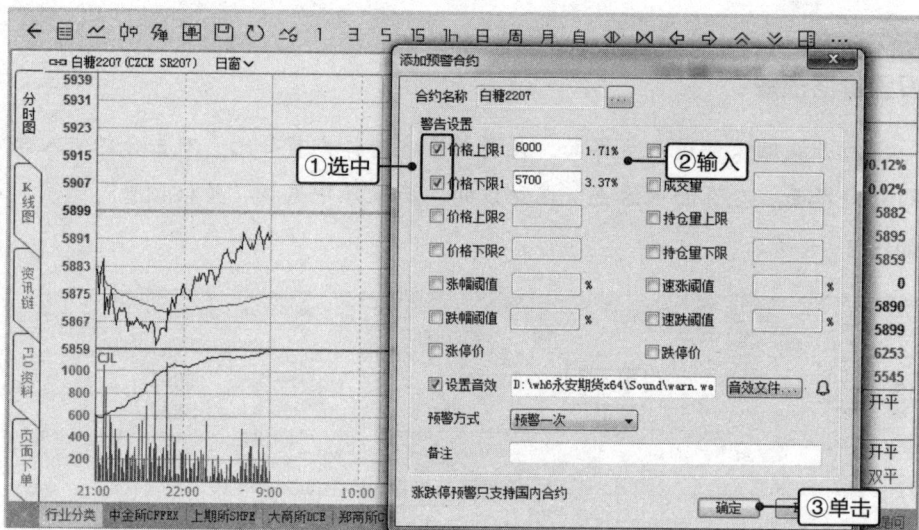

图 2-19　设置价格预警

2.3.4　绘制趋势线辅助分析

　　投资的核心在于找到期货价格的运行趋势，顺势而为才能在期市轻松获利，而趋势线则是我们分析判断期货价格运行趋势的重要工具。所以如何正确绘制趋势线是关键。趋势根据其运行方向进行划分，可以分为上升趋势线、下降趋势线和水平趋势线，具体绘制方法如下。

　　◆　**上升趋势线**：连接某一时间段内最低点与最高点之间的任意低点，中间不穿越任何价位的直线就是上升趋势线，如图 2-20 所示。

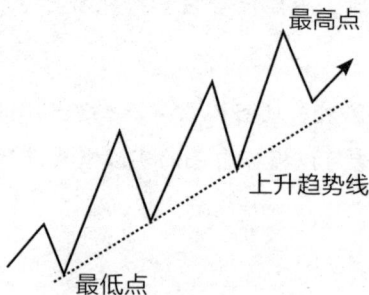

图 2-20　上升趋势线

◆ **下降趋势线:** 连接某一时间段最高点(或相对高点)与最低点之间的任意高点,中间不穿越任何价位的直线就是下降趋势线,如图 2-21 所示。

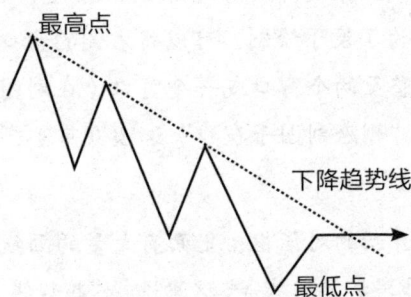

图 2-21　下降趋势线

◆ **水平趋势线:** 水平趋势线也被称为箱体。箱体的画法没有严格的要求,主要确定箱体下沿和箱体上沿的大概位置即可,如图 2-22 所示。

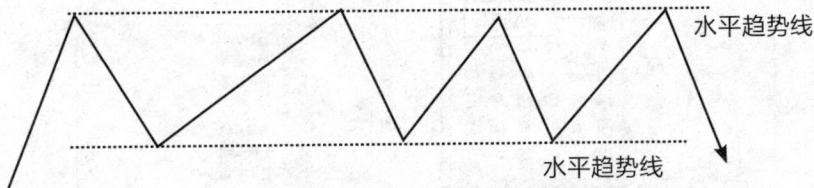

图 2-22　水平趋势线

可以看到,绘制趋势线的方法实际上比较简单,但是绘制趋势线时需要注意以下 3 点。

①连接重要的低点或连接重要的高点。

②经过重要低点或高点的触点越多效果越好。

③不违反前两个标准的条件下,距离现在越近的取点效果越好。

了解了趋势线的绘制方法后,就可以试着在期货合约 K 线走势中绘制趋势线了。

下面以苹果 2204 期货合约为例绘制上升趋势线。

绘制上升趋势线

打开赢顺软件进入主界面，切换到需要绘制趋势线的期货合约，跳转至合约 K 线走势窗口。为了便于绘制，可以将右侧的盘口信息隐藏，还可以将软件默认的三窗口调整至两个窗口或一个窗口（在副图子窗口中右击，在弹出的快捷菜单中选择"删除副图子窗口"选项即可），然后右击，在弹出的快捷菜单中选择"画线"选项。

此时在软件中打开新的对话框，里面有大量的画线工具，包括趋势线、射线、水平线、竖线、线段和指引线等，这里选择"趋势线"工具选项，如图 2-23 所示。

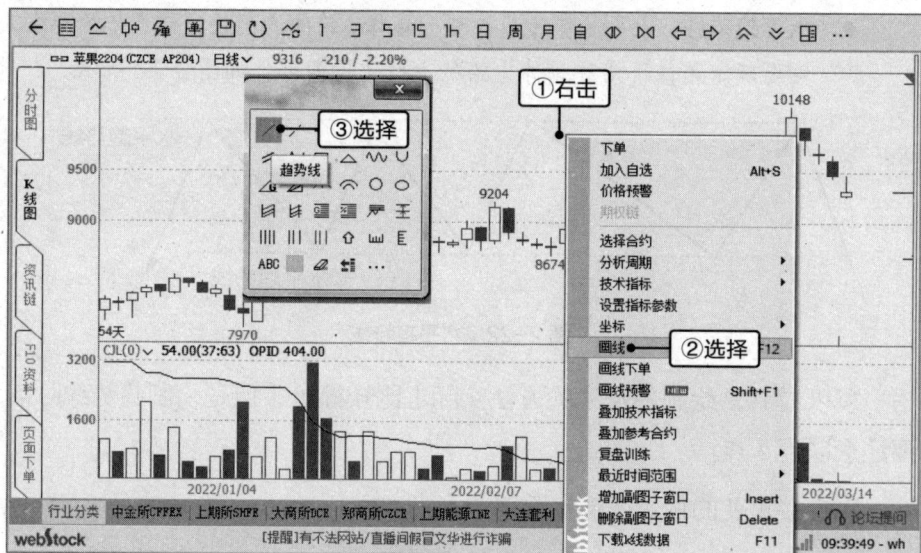

图 2-23　使用画线工具

选择完成后页面自动返回到主图界面中，此时鼠标光标变为铅笔形态，单击趋势线的起始位置，移动鼠标光标，将各个低点连接起来，然后在最后一个低点位置单击确认，即完成上升趋势线的绘制，如图 2-24 所示。

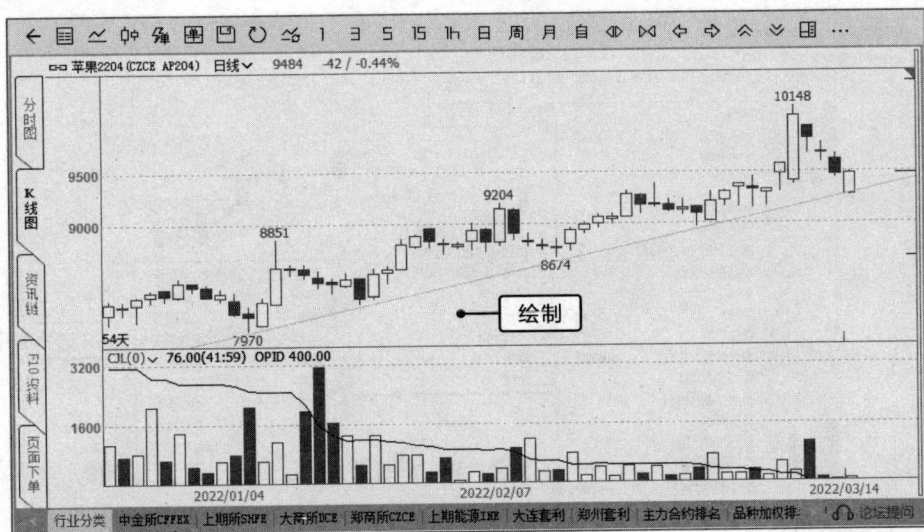

图 2-24 绘制上升趋势线

2.3.5 添加技术指标辅助分析

技术指标指的是根据期货价格、成交量变化或者涨跌指数等数据计算而来的各种数据指示信息，利用这些信息投资者能够更加清晰、准确地发现市场动向，了解市场行情变化。期货软件为投资者提供了多种多样的技术指标，投资者直接添加便可以使用了，非常简单方便。

下面我们以添加布林通道线指标为例进行介绍。

示例讲解

添加布林通道线指标

打开赢顺软件进入主界面，选择目标期货合约，跳转至合约 K 线走势窗口，这里选择的是红枣 2209 合约。在默认情况下，K 线图中添加了移动均线指标。

在主图窗口中右击，在弹出的快捷菜单中选择"技术指标 / 趋势分析指标（主图）/BOLL 布林通道线"命令，如图 2-25 所示。

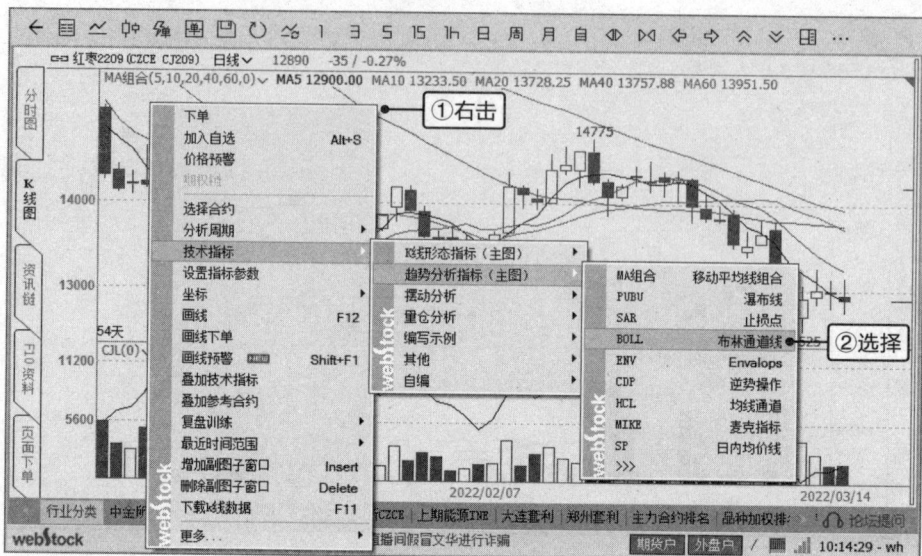

图2-25 选择"BOLL布林通道线"命令

返回至K线走势界面，可以看到K线走势中已经添加了布林通道线指标，如图2-26所示。

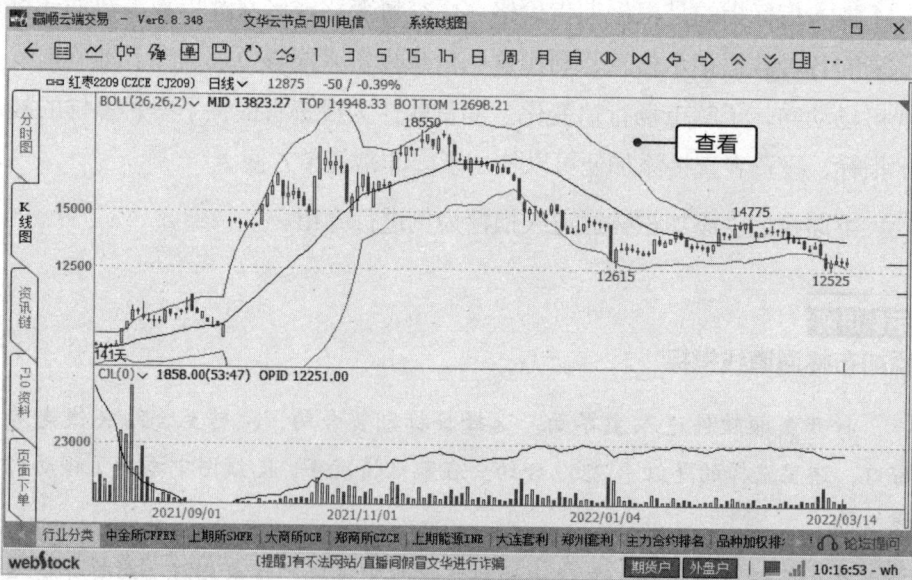

图2-26 查看布林通道线指标

2.4　多渠道查看期货行情

期货投资离不开基本面分析，即投资者需要分析掌握商品价值与其影响因素之间的关系，通过影响因素的分析，推测期货价格的走向。这就要求投资者在期货投资的过程中掌握多方面的期货行情，才能助力判断。本节主要为投资者介绍一些实用性强的期货投资网站，以便帮助投资者查看期货数据，分析期货价格走向。

2.4.1　期货综合网站：生意社网

生意社网是一家大宗商品数据网，主要跟踪与国民经济相关的大宗商品、基础原料的产业动向与市场状况，从而分析和预测商品的价格走势，以及研究宏观经济与大宗商品的关系。

期货投资者通过生意社网可以快速查询到能源、化工、橡塑、有色、钢铁、纺织、建材以及农副等多个国民经济重要领域的相关数据信息，且网站中提供了大宗商品现货价格、期货价格、行情资讯和动态分析等服务信息，是期货投资者重要的行情来源网站。

如图 2-27 所示为生意社网站首页（http://www.100ppi.com/）。

图 2-27　生意社网站首页

从上图可以看到，生意社提供了关于大宗商品的多类信息，包括商品与宏观、报价中心、商品与产业、商品与期货以及商品与证券等，这里进入商品与期货页面，如图 2-28 所示。

▶ 03月29日现期表　　　　　　　　　　　　　　　　　　　　　　　　　　　　　单位：元/吨

上海期货交易所					郑州商品交易所					大连商品交易所				
商品	现货价格	代码	主约价格	基差	商品	现货价格	代码	主约价格	基差	商品	现货价格	代码	主约价格	基差
铜	74185.00	2205	73540	645	PTA	6117.73	2205	6030	87	棕榈油	12990.00	2205	11560	1430
螺纹钢	4968.89	2210	5022	-53	白糖	5794.00	2205	5836	-42	聚氯乙烯	9000.00	2205	9277	-277
锌	26588.00	2205	26515	73	棉花	22950.00	2205	21755	1195	聚乙烯	8990.00	2205	9244	-254
铝	22996.67	2205	23015	-18	普麦	3194.00	2205	2363	831	豆一	6035.00	2207	6154	-119
黄金	395.57	2206	397.1	-1.53	菜籽油OI	13574.00	2205	12608	966	豆粕	4892.00	2209	4116	776
线材	5096.00	2205	5562	-466	玻璃	24.20	2209	2053	-117	豆油	10694.00	2209	10080	614
燃料油	6400.00	2205	4039	2361	菜籽粕	4062.00	2209	3902	160	玉米	2764.29	2205	2860	-95
天然橡胶	12890.00	2205	13365	-475	油菜籽	6416.00	2209	6366	50	焦炭	3394.00	2205	3778.5	-384
铅	15437.50	2205	15575	-137	硅铁	9250.00	2205	9804	-554	焦煤	2975.00	2205	3150	-175
白银	5105.33	2206	5136	-30	锰硅	8550.00	2205	8794	-244	铁矿石	1003.89	2209	869	134
石油沥青	3977.20	2206	3924	53	甲醇MA	3090.00	2205	3057	33	鸡蛋	8.79	2205	4365	29
热轧卷板	5208.00	2205	5286	-78	动力煤ZC	900.00	2205	842.4	57	聚丙烯	8990.00	2205	9084	-94
镍	221933.33	2205	221960	-26	棉纱	30566.67	2205	28545	2021	玉米淀粉	3406.00	2207	3373	33
锡	350975.00	2205	346340	4635	尿素	2993.00	2205	2746	247	乙二醇	5200.00	2205	5282	-82
纸浆	6990.00	2205	6982	8	纯碱	2833.33	2209	2925	-91	苯乙烯	9412.50	2205	9810	-397
不锈钢	20973.33	2205	20210	763	涤纶短纤	7912.00	2205	7714	198	液化石油气	6120.00	2205	6117	3.00
										生猪	12.10	2205	12905	-805

图 2-28　商品与期货页面

可以看到，网站为用户提供了各大期货交易所的现期表，其中详细展示了现货价格、期货合约价格和基差，可以为期货投资者、套利者提供众多信息。

除了上面介绍的内容外，还有很多期货投资信息，用户在实际浏览时可以获取使用，这里就不再多作说明了。当然，除了这里介绍的生意社网外，还有一些同类型的期货综合网站也比较实用，如表 2-2 所示。

表 2-2　期货综合网站

名　称	网　址
金十数据	https://www.jin10.com/
卓创资讯	https://www.sci99.com/
金联创	http://www.315i.com/
隆众资讯	https://www.oilchem.net/
东方财富网期货频道	http://futures.eastmoney.com/

2.4.2　有色金属网：长江有色金属网

有色金属期货主要指的是铜、铝、锌、铅、镍、锡、金、银、铂和钯等，其中金、银、铂、钯因其价值高被称为贵金属。金属期货包括有色金属期货和黑色金属期货两种，黑色金属是指铁、铬和锰等。

它们在期货市场中占据重要位置，尤其是上海期货交易所中的铜、铝、锌和铅 4 个期货品种，其现货产品占我国整个有色金属产业行情的 97%，所以了解有色金属的相关信息，能够使投资者更充分地了解市场的整体行情走势，从而进一步把握市场。

长江有色金属网是重要的有色金属信息展示平台，网站每日会发布与现货报价关联密切的相关信息，同时还会发布金属市场交易的基础价格。对于有色金属期货投资者来说，长江有色金属网是一个重要的行情渠道。

如图 2-29 所示为长江有色金属网首页（http://www.ccmn.cn/）。

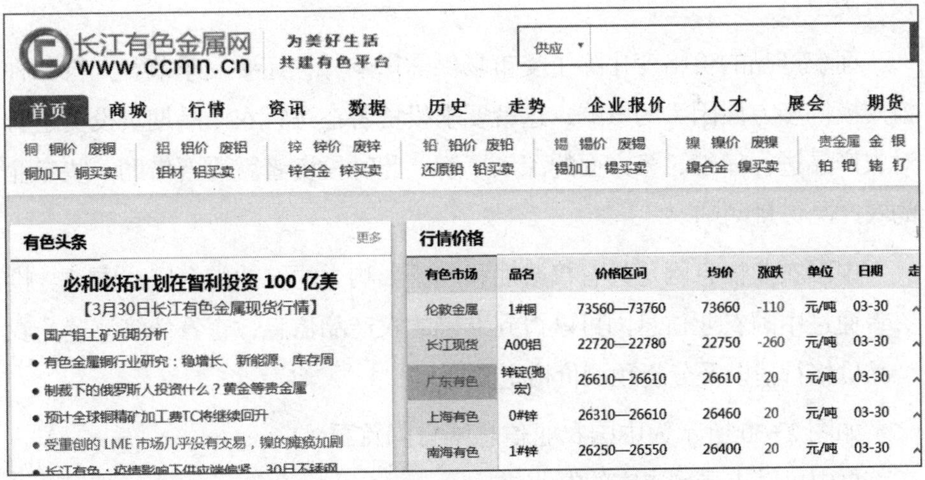

图 2-29　长江有色金属网首页

除了长江有色金属网外，市场上还有很多特色的有色金属网站，同样可以为有色金属期货投资者提供众多数据信息，具体如表 2-3 所示。

表 2-3　有色金属网站

名　　称	网　　址
上海金属网	https://www.shmet.com/
上海有色网	https://www.smm.cn/
找钢网	https://www.zhaogang.com/
世铝网	https://www.cnal.com/
中国钢铁产业网	http://www.chinatsi.com/
钢谷网	http://news.gangguwang.com/

2.4.3　农产品网站：中国农业信息网

农货产品主要是指玉米、棉花、大豆、小麦、稻米、豆粕以及棕榈油等，在期货市场中占据重要位置，也是大部分散户投资者比较偏爱的一种期货投资类型。

而农产品的价格变化除了受市场供需影响外，还要受季节、天气和种植规模等多方面因素的影响，这就要求投资者在进行农产品期货投资之前对农产品进行仔细、多方面的深入了解。此时投资者就需要借助一些专业的农产品信息网站。

中国农业信息网是具有权威性和广泛影响力的农业综合门户网站。投资者通过中国农业信息网可以得到准确的农产品信息，查看经济评述、农产品价格行情以及分析预测价格走势等。

如图 2-30 所示为中国农业信息网官网首页（http://www.agri.cn/），在首页中可以查看到丰富的农业信息。

图 2-30　中国农业信息网首页

在首页选择某一农产品即可进一步查看该农产品的详细信息，如图 2-31 所示。

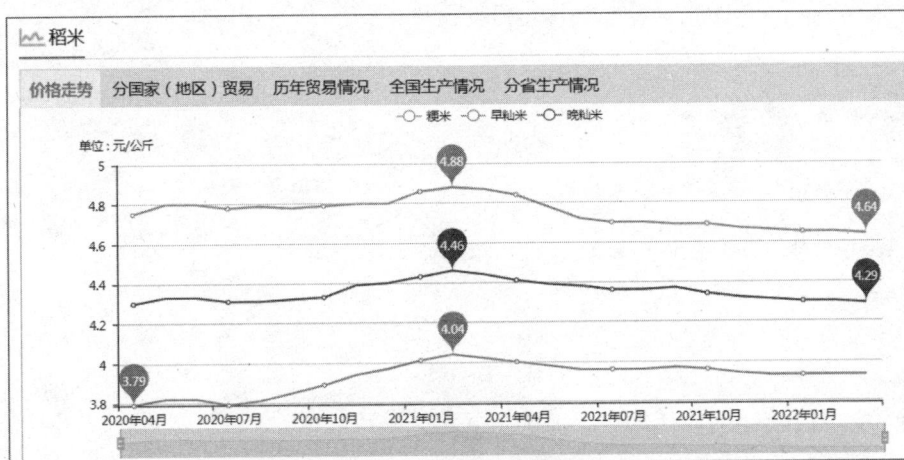

图 2-31　农产品详细信息

这些信息都能为后期的期货投资提供重要的决策依据，使投资更精准。当然，除了上面介绍的中国农业信息网外，市面上还有一些农业信息网站，同样能为投资者提供各种各样的农产品信息，如表 2-4 所示。

表 2-4 农产品信息网站

名　　称	网　　址
中华粮网	http://www.cngrain.com/
农产品集购网	https://zixun.16988.com/
中国糖业协会	http://www.chinasugar.org.cn/
中国玉米网	https://www.yumi.com.cn/
天下粮仓网	http://www.cofeed.com/
中果网	http://www.pingguo7.cn/
棉纺织信息网	http://www.tteb.com/
猪易网	https://www.zhue.com.cn/

第 3 章

掌握正确交易方法获利

　　很多初入期市的投资者常常会犯一个错误，即在不懂期货投资的情况下，以股票投资的方法来进行期货投资。事实上，期货与股票是两种完全不同的投资工具，它们在交易方式上存在较大差异，以股票的方式来投资期货显然是不正确的，想要获利也比较困难。我们只有掌握了正确的期货交易方式，才能在期市获利。

- 期货交易必知的交易获利方式
- 期货市场中可能出现的特殊情况
- 解读期货市场的风险管理制度

3.1 期货交易必知的交易获利方式

期货与股票最大的区别在于它们的交易方式，期货相较于股票来说，交易方式更多，投资更复杂，所以以传统的"追涨杀跌"式股票的投资方法来进行期货投资是不恰当的。

3.1.1 买入开仓、卖出开仓与反向平仓

"开仓"和"平仓"这两个概念，对于投资者来说并不陌生，在股市、外汇市场以及基金市场等都有这种说法。开仓指的是新建头寸，投资者建仓之后手中持有头寸就是持仓，而平仓则是指投资者了结持仓获利的交易行为。

但是期货投资与股票投资的区别在于，股票类投资工具的交易获利方式是买入建仓，了结平仓获利；而期货交易则可以通过买入开仓、卖出开仓和反向平仓来获利。

买入开仓是指投资者预估未来期货价格会上涨，所以开仓买入期货合约建立多头头寸；卖出开仓是指投资者预估未来期货价格会下跌，所以开仓卖出期货合约建立空头头寸；反向平仓是指无论投资者是建立多头头寸，还是空头头寸，最终都需要通过平仓来对冲了结，即买入开仓需要卖出平仓，卖出开仓需要买入平仓。

实际上，这是期货交易的一大特点——双向交易，反向平仓。投资者除了传统意义上的买多、买涨外，还可以买空、买跌，反向平仓，同样获利。这是因为传统的股票交易，卖出股票的前提是持有相应数量的股票。

期货在股票单向交易的基础上增加了反向交易，即先卖出后买入。我们可以这样理解，投资者先向交易所借了期货合约（卖出开仓），然后买入期货合约来还给交易所（买入平仓）。

期货合约投资的两种获利方式示意图如图 3-1 和图 3-2 所示。

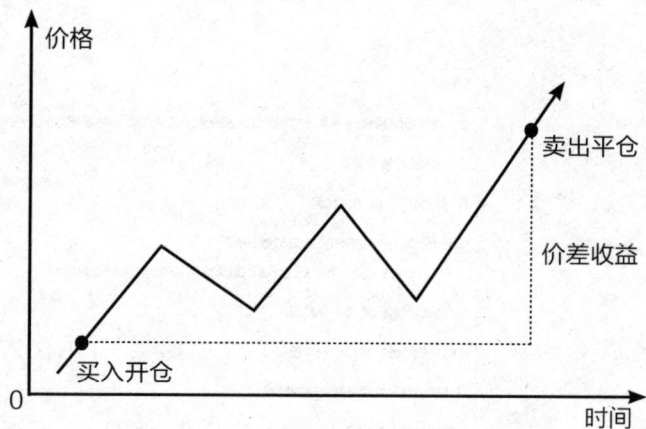

图 3-1 买入开仓

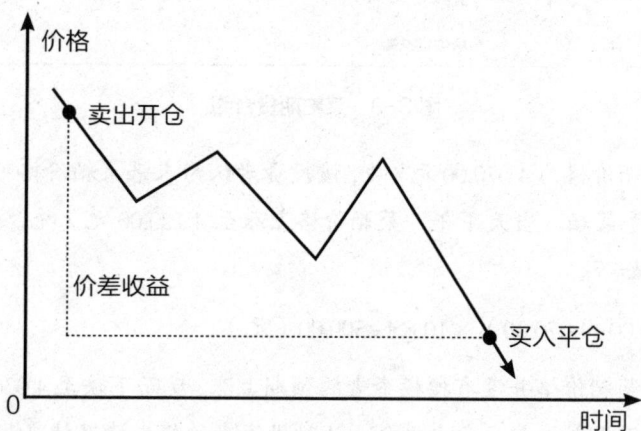

图 3-2 卖出开仓

下面我们以一个例子来进行说明。

示例讲解
买入开仓与卖出开仓

某投资者准备进行菜粕期货投资，菜粕期货合约内容如图 3-3 所示（下列计算均不考虑手续费）。

交易品种	菜籽粕（简称"菜粕"）
交易单位	10吨/手
报价单位	元（人民币）/吨
最小变动价位	1元/吨
每日价格波动限制	上一交易日结算价±4%及《郑州商品交易所期货交易风险控制管理办法》相关规定
最低交易保证金	合约价值的5%
合约交割月份	1, 3, 5, 7, 8, 9, 11月
交易时间	每周一至周五（北京时间 法定节假日除外） 上午9：00-11：30，下午1：30-3：00及交易所规定的其他交易时间
最后交易日	合约交割月份的第10个交易日
最后交割日	合约交割月份的第13个交易日
交割品级	见《郑州商品交易所期货交割细则》
交割地点	交易所指定交割地点
交割方式	实物交割
交易代码	RM
上市交易所	郑州商品交易所

图3-3 菜粕期货合约

当前菜粕价格为4 070.00元/吨，该投资者认为未来菜粕价格可能会上涨，所以买入1手菜粕。当天下午，菜粕价格上涨至4 120.00元/吨，计算此时投资者的收益如下。

（4 120.00−4 070.00）×10×1=500.00（元）

但如果菜粕价格并没有按投资者的预期上涨，反而下跌至4 030.00元/吨，投资者为避免损失加大而卖出平仓，此时投资者的损失情况计算如下。

（4 070.00−4 030.00）×10×1=400.00（元）

同样的，当前菜粕价格为4 070.00元/吨，投资者认为未来菜粕的价格可能会下跌，所以以4 070.00元的价格卖出1手。当天下午，菜粕价格下跌至4 010.00元/吨，投资者随即买入平仓，该投资者的投资收益计算如下。

（4 070.00−4 010.00）×10×1=600.00（元）

但如果菜粕并没有按照投资者的预期下跌，反而上涨至4 150.00元/吨，投资者为避免损失加大而买入平仓，此时投资者的损失计算如下。

（4 150.00−4 070.00）×10×1=800.00（元）

上面介绍的便是买入开仓和卖出开仓获利计算，从案例可以看到，双向交易的投资机制为投资者提供了更多的获利机会。但是，双向交易涉及的指令问题也需要引起投资者注意。

因为期货可以卖出开仓、买入平仓，所以期货交易时除了常规的交易代码、买卖方向、交易手数和期货报价外，还增加了开平仓项目。而在开平仓项目中，投资者可以选择开仓指令、平仓指令和平今仓指令。

开仓指令是指投资者要参与投资，投资者发出开仓指令后会占用保证金，形成期货合约持仓。不管是买入开仓，还是卖出开仓，都需要投资者发出开仓指令，不同的是买入开仓形成多单，而卖出开仓形成空单。比较特殊的一种情况是，一些期货软件为了节省投资者下单参数的选择时间，会将买卖指令的按钮结合在一起，看涨点选买入，看跌点选卖出，直接报入买入开仓或卖出开仓指令。

平仓指令则是指投资者要了结交易，平仓指令发出后会减少合约持仓，多单需要卖出平仓，而空单需要买入平仓。

平今仓是比较特殊的一个平仓指令，是由上海期货交易所设计的指令，用于平仓当日新开仓的合约。

可以看到，不同的指令具有不同作用，因为市面上很多期货软件为了方便用户操作，会提供很多便捷的操作方式，所以用户在投资过程中一定要注意发出指令的准确性，避免出现错单。

3.1.2　超短线 T+0，捕捉市场更多的投资机会

T+0 是一种交易制度，其中 T 代表的是交易日当天，0 代表买入后第"0"天可以卖出，所以 T+0 交易制度指的是投资者在买入期货合约的当天可以进行平仓操作。

大家普遍比较熟悉的是股市 T+1 交易制度，即投资者买进股票后至少需要到下一个交易日才能卖出手中持股。而期货则不同，当天即可完成合约的买进、卖出操作，且不受次数的限制。

示例讲解

T+0 超短线买进卖出获利

如图 3-4 所示为玉米 2211 期货合约 2022 年 3 月 2 日分时走势。

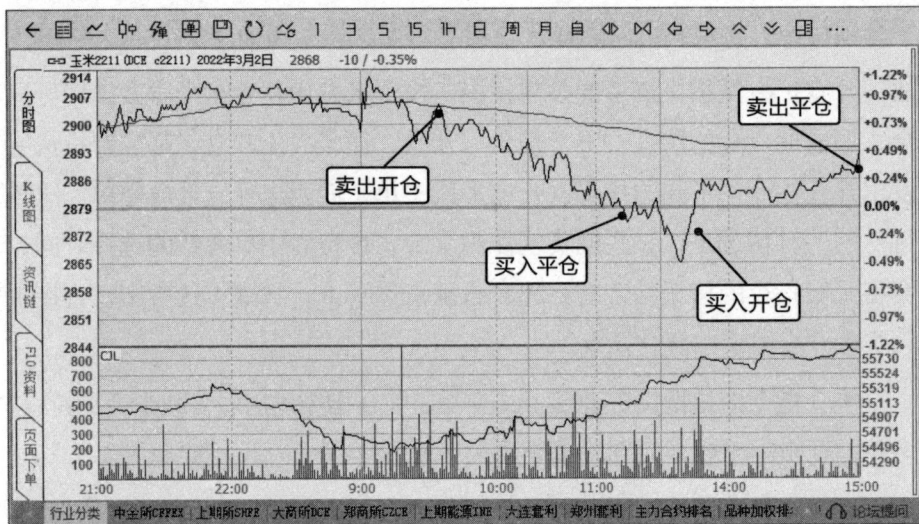

图 3-4　玉米 2211 期货合约分时走势

从图中可以看到，3 月 2 日开盘后，价格快速向上拉升突破均价线，上涨至 2 914.00 元附近后止涨回落至均价线下方，并在均价线下方运行。当玉米 2211 合约跌至 2 895.00 元附近后止跌，形成 W 形底后再次上冲，但运行至均价线附近后便受到均价线的压制转而下跌，说明上方压力较大，后市价格继续下跌的可能性较大，此时为卖出开仓机会。

随后价格继续下行，跌势沉重，与均价线的距离越来越远。11:00 左右，玉米 2211 合约跌至 2 879.00 元价位线附近时止跌，并在该价位线上下波动横行，说明这一波下跌可能触底，后市极有可能触底回升，此时为买入平仓获利机会。

玉米 2211 合约在 2 879.00 价位线横盘一段后突然向下急跌，但并未深跌，跌至 2 865.00 元价位线后止跌并快速上升。这一波急跌急升形成了 V 形底形态，说明价格极有可能触底，后市向上拉升的可能性较大，此时为买入开仓机会。

买进后玉米 2211 合约上涨至 2 886.00 元附近后止涨，横盘调整一段后继续向上缓慢攀升，且与均价线之间的距离越来越近。临近 15:00 时，更是接近均价线，此时是投资者卖出平仓的获利机会。

从案例来看，这一天中出现了两次投资获利机会：一次是先卖后买，一次是先买后卖。而这些都是建立在 T+0 交易制度基础上的，可以看到，因为期货交易的 T+0 制度，该名投资者在 3 月 2 日交易日当天两度买进卖出，实现价差收益，如果是股市投资则不能实现。因此，T+0 交易制度给期货投资者带来了如下所示的几个优势。

提高了资金的流动性。 T+0 交易制度使得同一笔资金在一天内可以多次进出而不受限制，提高了投资者资金的流动性，也降低了投资者的投资成本。

可以捕捉更多的获利机会。 T+0 交易制度的出现给了很多超短线爱好者机会，他们可以更加精准地捕捉市场中可能出现的获利机会，进而增加盈利的可能性。

提高了当日风险的可控程度。 股市交易实行 T+1 交易制度，也就是当日买进后，即便当日股价行情走跌，投资者也必须承担相应的损失，等到第二个交易日卖出结算。但是期货则不同，因为 T+0 交易制度，如果当日投资者开仓后价格向反方向运行，投资者可以及时止损，反方向平仓。

总而言之，期货 T+0 交易制度可以支持投资者随时平仓，以便投资者把握利润和控制风险。但是投资者也要警惕，T+0 交易制度容易使投资者过度投机，如果投资者不能理性地控制、合理地运用，不仅不会给自己带来更多的利润，反而会给自己带来更大的亏损。

3.1.3　保证金制度，杠杆交易

保证金制度一直都是期货投资的核心特色，也是吸引众多投资者进入期市的一个原因。想要明白保证金制度，首先要明白一个概念——保证金。

保证金其实在其他生活场景中也可能遇到过，它指的是在交易过程中作为信用担保而预先支付的资金。我们知道期货属于合约交易，即买方和卖方达成了未来的交易意向，约定在未来的某一时间以某一价格进行一定数量的标的物交割。

但是，未来的价格涨跌变化难以保证，无论是买方还是卖方，都存在违约的可能性。如果交割时价格上涨，卖方违约将标的物卖给其他第三方，而不以约定价格卖给买方，则可以获得更大的收益；如果交割时价格下跌，买方违约不以约定价格买入标的物，而购买其他第三方更便宜的标的物，则更划算。因此，双方都存在违约的动机，为了保证双方履约，维护买卖双方的权益，交易所决定向买卖双方收取保证金，由交易所对买卖双方进行管理，如图 3-5 所示。

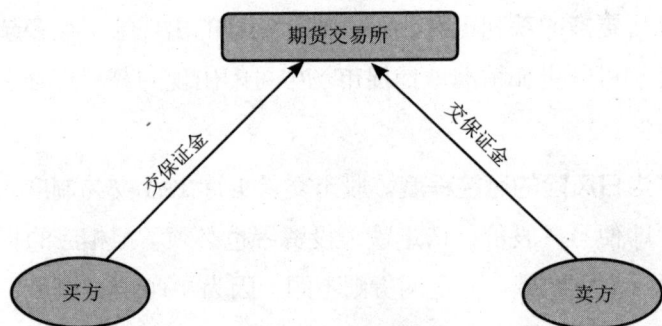

图 3-5　保证金

如果交割日价格上涨，卖方违约转而与其他第三方交易，买方购买机会落空，需要以当前上涨后的市场价买进，那么交易所便将提前收取的卖方保证金交给买方作为补偿；如果交割日价格下跌，买方违约转而购买其他第三方的货物，卖方原本的卖出机会落空，需要以当前下跌后的市场价

格卖出，那么交易所便将提前收取到的买方保证金交给卖方作为补偿。

因为市场涨跌难以预估且无法控制，所以买卖双方的保证金需要交易所根据期货合约面临的风险水平设立保证金比例，然后根据市场波动情况来对保证金比例进行调整。

保证金制度规定，在合约到期之前只要付足保证金，交易双方均可买入开仓和卖出开仓，不必交付实物，即投资者只需要按照期货合约价值的保证金比例，交纳保证金便可参与这个合约的买卖。通常保证金比例在5% ～ 10%，用于结算和保证履约。对于保证金交易制度，我们用一个通俗易懂的小例子来进行说明。

示例讲解
保证金制度

杨先生想要投资一个商铺，这个商铺价值100.00万元，然而杨先生当下并没有100.00万元。此时，某金融机构愿意帮助杨先生，但是需要杨先生支付20.00万元作为保证金，也就是说，杨先生支付20.00万元，机构支付80.00万元，买入该商铺，但是商铺的持有权暂时属于机构。

如果商铺从100.00万元上涨至105.00万元，那么上涨的5.00万元收益属于杨先生。反之，如果商铺价格下跌，那么下跌的损失也属于杨先生，机构不承担责任，价格下跌多少，杨先生就损失多少。

如果商铺从100.00万元下跌至95.00万元，那么杨先生就承担了5.00万元的损失，如果杨先生还想要继续投资该商铺，就必须按照商铺价值的20%补足保证金，如果不补足保证金，那么机构就会开始处置商铺产权了。

上述例子介绍的便是保证金制度，例子中的机构就是期货交易所，而杨先生就是普通投资者，商铺就是期货合约。换句话说，杨先生用20.00万元本金撬动了100.00万元的商铺，放大了杠杆。

下面我们用一个实际的期货合约例子来计算投资者进行期货投资时的具体保证金。

期货投资保证金计算

　　某投资者准备进行早籼稻期货交易，已知早籼稻当前的市场价格为 2 900.00 元 / 吨，那么，该投资者做一手早籼稻投资需要多少保证金呢？

　　如图 3-6 所示为早籼稻期货合约，从合约中可以看到，早籼稻交易单位为 20 吨 / 手，且保证金比例为合约价值的 5%。

交易品种	早籼稻
交易单位	20吨/手
报价单位	元（人民币）/吨
最小变动价位	1元/吨
每日价格波动限制	上一交易日结算价±4%及《郑州商品交易所期货交易风险控制管理办法》相关规定
最低交易保证金	合约价值的5%
合约交割月份	1、3、5、7、9、11月
交易时间	每周一至周五（北京时间 法定节假日除外） 上午9：00-11：30 下午1：30-3：00
最后交易日	合约交割月份的第10个交易日
最后交割日	合约交割月份的第13个交易日
交割品级	基准交割品：符合《中华人民共和国国家标准 稻谷》（GB1350－2009）三等及以上等级质量指标及《郑州商品交易所期货交割细则》规定的早籼稻谷。替代品及升贴水见《郑州商品交易所期货交割细则》
交割地点	交易所指定交割仓库
交割方式	实物交割
交易代码	RI
上市交易所	郑州商品交易所

图 3-6　早籼稻期货合约

　　所以，期货保证金的计算如下。

　　2 900.00×20×5%=2 900.00（元）

　　一手早籼稻期货合约价值为：2 900.00×20=58 000.00（元）

　　也就是说，投资者一手早籼稻保证金为 2 900.00 元，杠杆 20 倍。仅投入 2 900.00 元就可以进行 20 吨早籼稻投资，以小博大，赚取更高的收益回报。

当然，投资有盈利就会有亏损，当投资出现亏损时，如果保证金低于最低保证金要求，交易所和第三方结算中心会要求投资者及时处理。此时投资者有以下 3 个选择。

①自行补足保证金，继续维持合约。

②部分平仓了结。

③全部平仓了结。

注意，如果投资者不进行处理，期货公司到了约定的时间便会执行强行平仓（这一点后文会详细介绍）。此外，如果亏损比较严重，账户资金不能覆盖亏损，投资者则需要弥补亏损，否则会被法律追索。

3.2 期货市场中可能出现的特殊情况

投资者在期货投资的过程中还可能会遇到一些特殊的市场情况，这是期货市场的特点，当然也是需要投资者引起注意的地方。

3.2.1 期货贴水与期货升水

期货贴水和期货升水是比较常见的两个名词，在期货投资交易中也具有重要意义，本节就来了解一下期货贴水与期货升水。

我们知道期货是相较于现货而言的一种说法，期货合约的价格与现货价格紧密相关，却又不完全相同。当期货合约价格与现货价格出现差异就形成了期货升贴水现象。

在理解升贴水之前，需要引入一个概念"基差"，用来表示现货价格和期货价格的价差，公式如下。

基差 = 现货价格 − 期货价格

当基差为负数，说明期货价格大于现货价格，远期期货的价格高于近期期货的价格，这种情况叫"期货升水"，也称"现货贴水"，远期期货价格超出近期期货价格的部分，称"期货升水率"。

如果远期期货的价格低于近期期货的价格、现货的价格高于期货的价格，则基差为正数，这种情况称为"期货贴水"，或称"现货升水"，远期期货价格低于近期期货价格的部分，称"期货贴水率"。

我们以一个具体的例子来进行说明。

例如某个月淀粉期货合约价格为 3 500.00 元 / 吨，而此时的淀粉现货价格为 3 000.00 元 / 吨。可以看到，期货价格更高，所以为期货升水，升水500.00 元 / 吨。如果此时的淀粉现货价格为 4 000.00 元 / 吨，那么，现货价格更高，所以为期货贴水，贴水 500.00 元 / 吨。

因为期货价格是一种未来价格，它是领先于现货价格的，所以如果期货出现了升贴水，形成价差，就给投资者提供了一些套利机会。从理论上来说，期货升水时，可以买入现货，卖出期货，或者是买入近期合约，卖出远期合约。

投资者想要利用期货升贴水获利，就要及时查询基差情况，了解现货价格与期货价格之间的基差数据。现在的期货软件通常都提供了基差数据，投资者在软件中便可以轻松查看了解。

这里以赢顺软件为例介绍基差数据的查询方法。

示例讲解
查看基差数据

文华财经每天收盘后和每天早上开盘前都会发布最新的基差表，便于投资者们进行查看阅读。打开赢顺软件进入主界面，在页面右上角单击"资讯"按钮，在弹出的下拉菜单中选择"24 小时实时资讯"命令，如图 3-7 所示。

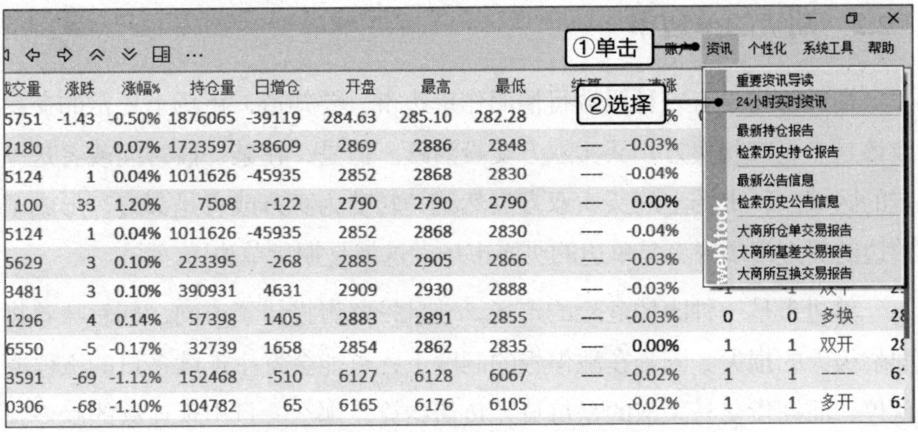

	成交量	涨跌	涨幅%	持仓量	日增仓	开盘	最高	最低	结算	涨涨					
①单击															
	5751	-1.43	-0.50%	1876065	-39119	284.63	285.10	282.28							
②选择	2180	2	0.07%	1723597	-38609	2869	2886	2848	——	-0.03%					
	5124	1	0.04%	1011626	-45935	2852	2868	2830		-0.04%					
	100	33	1.20%	7508	-122	2790	2790	2790		0.00%					
	5124	1	0.04%	1011626	-45935	2852	2868	2830		-0.04%					
	5629	3	0.10%	223395	-268	2885	2905	2866		-0.03%					
	3481	3	0.10%	390931	4631	2909	2930	2888		-0.03%			双升		
	1296	4	0.14%	57398	1405	2883	2891	2855		-0.03%	0	0	多换	28	
	6550	-5	-0.17%	32739	1658	2854	2862	2835		0.00%	1	1	双开	28	
	3591	-69	-1.12%	152468	-510	6127	6128	6067		-0.02%	1	1	——	63	
	0306	-68	-1.10%	104782	65	6165	6176	6105		-0.02%	1	1	多开	63	

图 3-7　选择"24 小时实时资讯"命令

进入资讯列表页面，在页面中选择"基差报告"资讯信息，页面右侧显示最新的基差数据一览表，如图 3-8 所示。

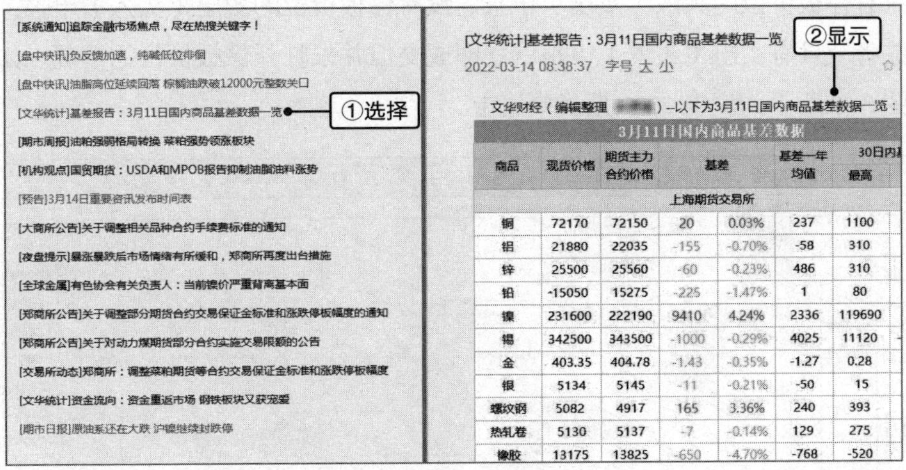

[文华统计]基差报告：3月11日国内商品基差数据一览
2022-03-14 08:38:37　字号 大 小

文华财经（编辑整理 ****）--以下为3月11日国内商品基差数据一览：

3月11日国内商品基差数据

商品	现货价格	期货主力合约价格	基差		基差一年均值	30日内最高
		上海期货交易所				
铜	72170	72150	20	0.03%	237	1100
铝	21880	22035	-155	-0.70%	-58	310
锌	25500	25560	-60	-0.23%	486	310
铂	-15050	15275	-225	-1.47%	1	80
镍	231600	222190	9410	4.24%	2336	119690
锡	342500	343500	-1000	-0.29%	4025	11120
金	403.35	404.78	-1.43	-0.35%	-1.27	0.28
银	5134	5145	-11	-0.21%	-50	15
螺纹钢	5082	4917	165	3.36%	240	393
热轧卷	5130	5137	-7	-0.14%	129	275
橡胶	13175	13825	-650	-4.70%	-768	-520

资讯列表左侧：
[系统通知]追踪金融市场焦点，尽在热搜关键字！
[盘中快讯]负反馈加速，纯碱低位待修
[盘中快讯]油脂高位延续回落 棕榈油跌破12000元整数关口
[文华统计]基差报告：3月11日国内商品基差数据一览
[期市闲报]油粕强弱格局转换 菜粕强势领涨板块
[机构观点]国贸期货：USDA和MPOS报告抑制油脂油料涨势
[预告]3月14日重要资讯发布时间表
[大商所公告]关于调整相关品种合约手续费标准的通知
[夜盘提示]暴涨暴跌后市场情绪有所缓和，郑商所再度出台措施
[全球金属]有色协会有关负责人：当前铜价严重背离基本面
[郑商所公告]关于调整部分期货合约交易保证金标准和涨跌停板幅度的通知
[郑商所公告]关于对动力煤期货部分合约实施交易限额的公告
[交易所动态]郑商所：调整菜粕期货等合约交易保证金标准和涨跌停板幅度
[文华统计]资金流向：资金重返市场 钢铁板块又获宠爱
[期市日报]原油系还在大跌 沪镍继续封跌停

①选择　②显示

图 3-8　显示基差数据

但是，在实际的投资中，期货升贴水的套利运用并非如此简单，它还受到诸多因素的影响，且从长期角度来看，期货价格与现货价格是趋于一致的，因此，投资者要理智对待期货升贴水。

3.2.2 期货的单边市

期货市场中有一种极端行情叫作单边市。要知道，市场上正常的交易应该是有买方和卖方，买卖双方交投活跃。但是，在某一段时间或者是一定的区域内，市场上的买卖双方突然统一转变为卖方或者是买方，形成了单边的卖方市场或者是单边的买方市场，这就是期货单边市。

单边市是一种比较危险的市场，一旦投资者投错了方向，则意味着将面临极大的损失。因为在涨停板的制度下，可能会发生连续多日的涨停或跌停，而期货交易采取的是每日无负债结算，那么一旦出现连续的涨停或跌停，方向相反的一方几乎就失去了停损的机会，必然会给投资者带来大幅度的亏损。因此，期货单边市风险较大，投资者需要注意防范。

但是，出现单边市也需要满足一定的条件，即收市前5分钟内出现只有停板价位的买入（卖出）申报、没有停板价位的卖出（买入）申报，或者一旦有卖出（买入）申报就立即成交但并未打开停板价位的情况。如图 3-9 所示为沪镍 2203 期货单边市。

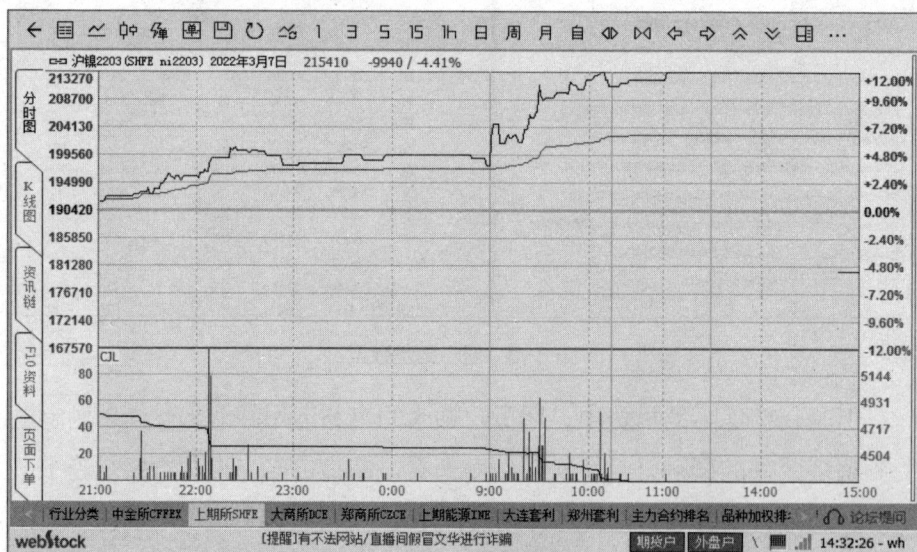

图 3-9 期货单边市

简单来说，主要有以下几个条件。

①收市前 5 分钟涨跌停板必须封死，不能打开。

②期货涨跌停板出现时以涨跌停板价格收盘，但如果收盘前的 5 分钟内出现过打开情况，则不能算作单边市，只能算涨跌停板。

因此，当期货合约出现涨跌停板时不一定是期货单边市，但是当期货合约出现单边市时则一定是涨跌停板。

根据《中国金融期货交易所风险控制管理办法》的规定：期货合约如果是在某一交易日（该交易日称为 D1 交易日，以下几个交易日分别称为 D2、D3 交易日）出现单边市，则 D1 交易日结算时，该合约交易保证金按下述方法调整。

①交易保证金为 10%。

②收取标准已高于 10% 的按原标准收取。

该期货合约如果在 D2 交易日未出现同方向单边市，则 D3 交易日交易保证金标准恢复到正常水平；如果在 D2 交易日出现反方向单边市，则视作新一轮单边市开始，该日即视为 D1 交易日，下一日交易保证金标准参照前条规定执行；如果在 D2 交易日出现同方向单边市，且 D2 交易日为最后交易日，则该合约直接进行交割结算。

3.2.3　疯狂的期货逼仓

期货逼仓，从字面上来理解"逼"，是指逼迫，而期货逼仓是指期货市场的交易者利用资金优势或者是现货仓库单方面的优势，通过控制期货交易头寸或垄断可供交割的现货商品，故意抬高或压低期货市场价格，迫使对方违约或以不利的价格平仓，从而牟取暴利的一种行为。

根据操作的方向不同，可以分为"多逼空"和"空逼多"。

多逼空是指市场交易者预期可供交割的现货商品不足时，便利用资金优势在期货市场建立组合的多头持仓以拉高期货价格，同时大量收购囤积可用于交割的实物，于是现货价格同时被拉高。这样一来，当期货合约临近交割时，迫使空头投资者要么以高价买回期货合约，认赔平仓出局，或者以高价买入现货进行实物交割，甚至因无法交出实物而受到违约惩罚。而多头头寸持有者则可以从中获取暴利。

空逼多是指市场投资者利用资金或实物优势，在期货市场上大量卖出某种期货合约，使其拥有的空头持仓大大超过多方能够承接实物的能力，从而使期货市场的价格急剧下跌，迫使投机多头以低价位卖出持有的合约认赔出局，或出于资金实力不能接货而受到违约罚款，从而达到空头牟取暴利。

两种逼仓方法中，多逼空更多，只要空头不认输离场，逼仓的行情就不会结束，使得期货价格疯涨，直到空头被打压离场，价格才开始回落。需要注意的是，无论是多逼空，还是空逼多，都是一种恶意的交易手法，属于市场操控行为，是一种违法行为，是国家明文禁止的一种操作。随着国家相关监管的逐渐完善，如今出现这种逼仓手法的情况也很少见了。

3.3 解读期货市场的风险管理制度

我们知道期货投资是一种杠杆交易，以小博大，以少量的资本便可以做大额投资，将收益放大。但是，收益与风险共存，期货高收益回报的同时，也意味着高风险。

为了降低期货投资风险，期货交易实行了一系列交易制度，这些制度与我们的交易息息相关，投资者有必要对这些制度进行深入了解。

3.3.1 期货交易所会员管理制度

会员管理制度是国家期货市场普遍采用的一种管理制度，我国的期货市场同样采取会员制度进行管理。会员管理制度在风险的控制和化解方面具有重要作用。

因为期货交易必须在期货交易所进行，而根据期货交易所会员制度的规定，只有交易所会员才能够入场进行交易，所以非会员只能通过交易所会员进行交易。因为会员制的期货交易所通常为非营利性质，所以入会的会员每年需要向交易所交纳一定的会费，以维持正常的交易所活动。

期货交易所会员是根据有关法律法规、行政法规和规章制度，经过交易所批准，有权在交易所从事交易或者结算业务的企业法人或者其他经济组织。而成为期货交易所会员主要有以下两种方式。

①以交易所创办发起人的身份加入，期货交易所的出资者能够直接成为期货交易所的会员，享有直接进场的权利。

②通过接受发起人（交易所创办人）的资格转让来加入，接受期货交易所其他会员的资格转让而加入和依据期货交易所的规则加入。

一般来说，期货经纪公司大多是交易所的会员单位，而普通期货投资者为非会员，只能委托期货经纪公司代为交易。

需要注意的一点是，期货交易所的会员种类有很多，不同国家的期货交易所会员种类不同。美国期货交易所传统上采取个人会员制，会员人数有定额限制，所以，交易所相应设立了副会员制度，主要会员可分为委托经纪人、交易厅经纪人、交易厅买卖商、专业会员、零额买卖商或经纪人、债券买卖商及经纪人和不营业会员 7 组。日本的期货交易所会员分为正会员、经纪会员和特别会员 3 种，不论哪种会员必须是依据日本法律组建的证券公司，各会员经营的业务有明确划分。英国的证券交易所会员分经纪商和买卖商两大类。

而前面讲的几大期货交易所会员主要分为两类：一类是为自己进行套期保值或投机交易的期货自营会员；另一类则是专门从事期货经纪代理业务的期货经纪公司。

3.3.2　集合竞价与连续竞价

初入期货市场的投资者最容易迷糊的一点就是集合竞价与连续竞价，知道它们都可以进行挂单交易，但是却不知道它们各自有什么意义，区别又在哪里。

实际上，集合竞价和连续竞价是期货交易的两种竞价交易制度，下面我们来仔细看看。

（1）集合竞价

对于集合竞价，可以这样来简单理解：集合竞价为开盘集合竞价，目的在于产生开盘价，也就是说在交易日的当天还没有成交价的时候，投资者可以根据前一天的收盘价以及当日市场动向，对当天的期货价格进行预测，进而输入期货价格。集合竞价在开市前的 5 分钟内进行，开市前的 4 分钟为买卖申报时间，投资者都可以向交易系统发出委托申报，先不成交；最后 1 分钟不能再进行委托申报，由交易系统按照"成交量最大"原则，撮合出一个统一的价格，这也是当日的开盘价，这个过程就是集合竞价。

集合竞价时成交价格的确定原则如下。

①在有效价格范围内选取成交量最大的价位。

②高于成交价格的买进申报与低于成交价格的卖出申报全部成交。

③与成交价格相同的买方或卖方至少一方全部成交。

（2）连续竞价

连续竞价则是开盘后到收盘之间连续交易时间的交易，是指对买卖申报逐笔连续撮合的竞价方式。连续竞价时，成交价格的确定原则如下。

①最高买入申报和最低卖出申报价格相同，以该价格成交。

②买入申报价格高于即时揭示的最低卖出申报价格时，以即时揭示的最低卖出申报价格为成交价格。

③卖出申报价格低于即时揭示的最高申报买入价格时，以即时揭示的最高申报买入价格为成交价。

投资者的委托进入交易系统后，有满足委托的对手价时就成交，否则委托就进入系统，按照"价格优先、时间优先"的原则排队等待成交。等到收盘，没有成交的所有委托便会自动失效，不参与结算。

由此可见，集合竞价与连续竞价存在较大不同，具体如表 3-1 所示。

表 3-1 集合竞价与连续竞价的比较

项　　目	集合竞价	连续竞价
时间	开盘前 5 分钟内	开盘后到收盘之间
交易方法	交易系统对集合竞价时间内接受的全部有效委托进行集合竞价处理	交易系统自动撮合每一笔买卖委托，有满足委托的对手价时就成交，否则委托就进入系统按照"价格优先、时间优先"的原则排队等待成交
成交原则	成交量最大，价格优先、时间优先	价格优先、时间优先

总的来说，集合竞价和连续竞价是两种期货竞价方式，它们的使用时间段不同，成交方法不同，但是最终的目的都是一样的，都是产生一个令买卖双方都满意的成交价。

3.3.3 涨跌停板制度

涨跌停板制度也称为每日价格最大波动幅度限制，即通过该制度规定了期货合约在每一个交易日中的价格波动范围，一旦期货价格涨跌幅度超过规定的限制幅度则报价无效，不能成交。而具体每一个交易日期货合约的涨跌停价格都是以期货合约上一个交易日的结算价为基准进行确定的。当天市价的最高价上限为涨停板，当天市价的最低价下限为跌停板。

涨跌停板制度限制了期货合约当天的涨跌波动幅度，能够有效减缓和抑制市场中的一些突发情况或过度投机行为对期货价格的冲击造成的暴涨急跌，对稳定期货市场秩序具有重要意义。

另外，涨跌停板制度的规定也锁定了投资者每一个交易日可能的最大浮动盈亏和平仓盈亏，这为交易所设置初始保证金水平和维持保证金水平提供了数据依据。一般情况下，期货交易所向会员收取的保证金要大于在涨跌幅度内可能发生的亏损金额，从而保证当日在期货价格达到涨跌停板时也不会出现透支情况。

实际上，对于涨跌停板制度，很多做过股票投资或者是了解股票投资的人对此都不陌生。为了防止股票市场出现暴涨急跌，股票市场也有涨跌停板制度。但是，股票市场的涨跌停板与期货市场的涨跌停板在细节上却存在很大的不同，具体如下。

（1）计算方法不同

股票涨跌停是以前一个交易日的收盘价位基准进行计算的，而期货涨跌停一般是以合约前一个交易日的结算价位基准计算的。所以股票的涨跌停价和期货的涨跌停价计算公式如下。

股票涨跌停：

涨停价＝股票上一个交易日收盘价×（1＋股市允许的最大波动幅度）

跌停价＝股票上一个交易日收盘价×（1－股市允许的最大波动幅度）

期货涨跌停：

涨停价＝该合约上一个交易日的结算价×（1＋对应合约品种所允许的最大波动百分比）

跌停价＝该合约上一个交易日的结算价×（1－对应合约品种所允许的最大波动百分比）

这里要注意，收盘价与结算价是两个不同的概念。在期货市场，收盘价是指每一个交易日收盘前的最后一笔成交价格，而当日结算价是指某一期货合约当日，成交价格按照成交量的加权平均价。

一般采用期货结算价制度，而不是使用收盘价作为实际交易价格。

（2）涨跌幅度不同

股票的涨跌停幅度比较简单，根据规定，A 股市场中普通股每日涨跌停幅度为 10%，ST 股每日涨跌停幅度为 5%，科创板为 20%，新上市的股票当天涨跌幅度不受限制。

相较之下，期货涨跌停规则要复杂得多，不同期货品种之间涨跌幅度不同，并且同一期货品种不同合约之间涨跌幅度也可能不同。通常，商品期货的涨跌停幅度为 4% ～ 8%，股指期货为 10%，国债期货为 2%，具体各个期货品种的涨跌停幅度以期货交易所公布为准。

（3）涨跌幅度调整

股票涨跌停制度中，对于股票的涨跌幅度有明确的规定且不会更改。但是，期货则不同，期货交易所公布的涨跌停幅度不是固定不变的，它会根据实际的情况进行调整，具体有以下 3 种情况。

①新上市的品种和新上市的期货合约，其涨跌停幅度一般为合约规定涨跌停幅度的 2 倍或 3 倍。

②在某一期货合约的交易过程中，当合约价格在同方向上连续涨跌停板遇国家法定长假，或交易所认为市场风险明显变化时，交易所可以根据市场风险调整其涨跌停幅度。

③对同时适用交易所规定的两种或两种以上涨跌停情形的，其涨跌停按照规定涨跌停中的最高值确定。

（4）扩板现象

扩板现象是期货市场独有的一个特点。在股票市场中，股票可以出现连续多个涨跌停，且不改变涨跌停幅度。期货则不行，如果期货合约在某个交易日最后 5 分钟交易连续停板，视为当日涨跌停板，那么下一个交易日将会扩板，扩板即扩大涨跌停板的幅度。不同的交易所对不同的期货品种都有关于连续出现的涨跌停板的扩板规定。

例如，铜期货合约在第 1 个涨跌停日涨跌幅度为 5%，在第 2 个单方向停板日涨跌停幅度增加到 8%，在第 3 个单方向停板日涨跌停幅度增加到 10%。此后，再继续单方向停板，则维持第 3 个停板日的 10% 幅度。

这里需要注意的一点是，扩板是单方向的，也就是说，如果前一个交易日是涨停板，那么次日涨幅扩大，但跌幅是不变的。以上述铜期货合约为例，如果第 1 个交易日为涨停，涨幅为 5%，第 2 个交易日涨停板幅度增加到 8%，但是跌停板仍然为 −5%。

涨跌停板不仅是期货交易所稳定市场、控制风险的重要手段，也是投资者衡量风险、预估收益的重要方法，因此，投资者有必要在投资之前明白涨停板制度。

3.3.4 期货的限仓制度

限仓制度其实很好理解，就是限制持仓的制度，期货交易所为了防止市场风险过度集中于少数交易者，以及防范出现操纵市场的行为，所以对会员和客户的持仓数量进行了限制。根据限仓制度的规定，要求会员或客户可以持有的按单边计算的某一合约持仓的最大数额不能超过规定的持仓量。

期货交易所对持仓限额制度的具体规定内容如下。

①不同的期货交易所根据不同期货品种的实际特点，分别确定各个品种每一月份合约的限仓数额。一份期货合约在不同的交易阶段中适用的限仓数额也不同，且一旦期货合约进入交割月份，限仓数额将从严控制。

②对于确实需要利用期货合约进行套期保值的会员或客户，可以申请

实行审批制，通过后其持仓不受限制。

③同一投资者在不同期货公司开仓交易，要将该投资者在各个期货公司下的持仓合并计算，不得超出一个投资者的持仓限额。

④交易所可根据期货公司的净资产和经营情况调整其持仓限额，对于净资本金额或交易金额较大的期货公司可增加限仓数额。期货公司的限仓数额由交易所每年核定一次。

⑤交易所调整限仓数额须经理事会批准，并报中国证监会备案后实施。

⑥限仓制度规定，会员或客户的期货合约持仓量不得超过规定的持仓限额，一旦超出规定，交易所会按照相关规定进行强制平仓。如果一个投资者在多个期货公司开仓交易，其期货合约持仓量合计超出限仓数额规定，则由交易所指定相关期货公司对该投资者的超额持仓执行强行平仓。

当然，各交易所对会员和客户持仓限额的具体数量的规定也不尽相同，限仓方式也不尽相同，可以是一个具体的数字，也可以是一个具体的比例，具体的限仓方式要以期货交易所公布为准。

3.3.5　期货大户报告制度

对于普通散户投资者来说，他们平时交易买卖无非就是几手，或者是几十手、几百手。如果是商品期货的话，大户报告制度基本上不对这些投资者产生任何影响，远远达不到限仓数额要求。

但是，大户报告制度是否对散户投资者就没有意义了呢？当然不是，作为投资者我们有必要了解市场的风控方式以及主力资金动向。所以，投资者了解大户是非常有必要的。

大户指的是资金量大、持仓数量多的客户。正常情况下，散户的持仓对期货价格波动影响较小，但是大户则不同。如果短时间大量交易，足以对期货价格的走势产生重要影响。

鉴于此，为了防范大户操纵市场价格、控制市场，推出了期货大户报告制度。通过该制度，可以对持仓量较大的投资者进行重点监控，了解其持仓动向和交割意愿，从而预判和防范市场风险。

大户报告制度与限仓制度紧密相关，大户报告制度规定，当会员或客户持有的某品种期货合约投机头寸达到交易所对其规定的投机头寸持仓量限量 80% 以上（含本数）时，必须向交易所申报。申报时应该提供以下材料。

①《投资者大户报告表》，内容包括会员名称、会员号、投资者名称和交易编码、合约代码、持仓量、交易保证金及可动用资金。

②资金来源说明。

③法人投资者的实际控制人资料。

④开户资料及当日结算单据。

⑤交易所要求提供的其他材料。

3.3.6　每日结算无负债制度

每日结算无负债制度也被称为逐日盯市制度，它指的是在每天交易结束之后，交易所按照当日的结算价结算投资者账户中的所有合约盈亏、交易保证金、手续费以及税金等费用，以保证投资者账户无负债的行为。

根据结算结果，如果账户存在盈利，那么投资者可以随时提取超额部分；如果账户出现亏损，账户余额降至保证金水平之下，那么投资者就必须在规定的时间内追加保证金。

简单来说，就是投资者账户每天结算，盈亏根据实际划转，账户不能出现负债。

在前面的内容中我们介绍过结算价，它是指某一期货合约当日成交价格按照成交量的加权平均价。当日没有成交价的，以上一个交易日的结算价为结算价。那么，每日结算无负债制度以结算价为基准计算投资者账户浮动盈亏、计算公式如下。

浮动盈亏 =（当天结算价 – 开仓价格）× 持仓量 × 合约单位 – 手续费

下面以一个例子来进行说明。

示例讲解
结算账户当日盈亏

某投资者看好黄玉米期货的价格走势，认为价格未来可能会上涨，所以在 2 800.00 元 / 吨位置买进 1 手黄玉米 2205 合约。当天结算价如果为 2 860.00 元 / 吨，那么交易日结束后，结算当日浮动盈亏如下（不考虑手续费）。

（2 860.00–2 800.00）×1×10=600.00（元）

可以看到，此时投资者账户盈利 600.00 元，即便投资者不平仓，盈利也会结算至账户中，第二天投资者便可以使用了。

如果当日结算价为 2 750.00 元 / 吨，那么交易日结束后，结算当日浮动盈亏如下（不考虑手续费）。

（2 750.00–2 800.00）×1×10=–500.00（元）

可以看到，此时投资者账户亏损 500.00 元，那么投资者保证金账户将直接扣除 500.00 元。如果扣除后投资者的保证金余额低于交易所要求的最低保证金额度，投资者就需要追加保证金。

案例介绍的就是每日无负债结算。需要注意的是，这里是投资者开仓日进行结算时的结算方法。如果买进后的第二个交易日再结算投资者的账户盈亏，便不再以开仓价进行结算了，而是以前一天的结算价来进行结算。所以此时的浮动盈亏计算公式如下。

浮动盈亏 =（当天结算价 – 前一天的结算价）× 持仓量 × 合约单位 – 手续费

就这样按照前一日的结算价每天结算，只是结算收盘之后的持仓，平仓的合约不计算。所以，浮动盈亏并不代表投资者真正的盈亏，仅仅是一个随时波动的数字而已，投资者真正的盈亏需要在平仓之后，以开仓价来进行结算。

那么，此时很多人会问，既然每日结算的盈亏并不是真正的盈亏，还有结算的必要吗？为什么不像股票一样直接平仓结算呢？

事实上这与期货的交易性质相关。股票交易属于全额交易，投资者没有违约风险。而期货则不同，它是保证金交易，如果长期不结算，且投资者账户亏损过多，以至于权益剩余很少，则很容易造成违约风险。所以实行每日结算无负债制度可以保证负债不超过一天，减少违约，并提醒投资者关注账户资金，及时调整投资，注意控制投资风险。因此，每日结算无负债制度是期货市场交易中一项重要的规则。

3.3.7　期货强行平仓制度

平仓不难理解，它指的是期货投资者买入或卖出与其所持期货合约的品种、数量及交割月份相同，但交易方向相反的期货合约，以了结期货交易的行为。投资者投资交易也需要通过平仓行为来计算投资收益。

但是，强行平仓与投资者自主平仓不同。从"强行"一词可以看出，这一平仓行为不是基于投资者的自我意愿，而是交易所或期货公司的强制行为，那么为什么会这样呢？

其实，期货强行平仓制度是一个风险管理制度，可以避免投资者出现爆仓。爆仓是指投资者保证金账户中的客户权益为负值，亏损大于账户保证金的情况。而由公司强行平仓后，剩余资金是总资金减去亏损资金，通常还能剩余一部分。

根据强行平仓的对象不同，可以分为交易所对期货公司（或者自营会员）的强行平仓和期货公司对客户（投资者）的强行平仓。

期货交易所规定，当会员或客户出现以下情形时，交易所有权对其持仓进行强行平仓。

①会员结算准备金余额小于零，并未能在规定时限内补足的。

②客户、从事自营业务的交易会员持仓量超出其限仓规定。

③因违规受到交易所强行平仓处罚的。

④根据交易所的紧急措施应予强行平仓的。

⑤其他应予强行平仓的。

期货公司对客户（投资者）的强行平仓主要包括下面两种情况。

因投资者的账户交易保证金不足而实行强行平仓。 这是最常见的一种强行平仓情形。当价格发生不利变动，当日结算后出现保证金账户资金不足以维持现有头寸的情况，而投资者又未能按照期货交易所（期货公司）通知及时追加保证金或者主动减仓，且市场行情仍朝着持仓不利的方向发展时，期货公司强行平掉投资者部分或者全部头寸，将所得资金填补保证金缺口。

因投资者违反持仓限额制度而实行强行平仓。 即超过了规定的持仓限额，且未在期货交易所规定的期限自行减仓，其超出持仓限额的部分头寸将会被强制平仓。

出现强行平仓后的处理办法也根据实际情况的不同而不同。如果是会员结算准备金小于零，并且未在规定时间内补足的强行平仓，主要有以下 3 种处理方法。

- 当只有自营账户违约时，对自营账户的持仓按合约总持仓量大小顺序进行强平。如果强行平仓后，结算准备金仍小于零，对其代理账户中的投资者进行移仓。

- 当只有经纪账户违约时，首先动用自营账户的结算准备金余额和平仓金额进行补足，再对经纪账户中的持仓按一定原则进行强平。

- 当自营账户和经纪账户都违约时，强行平仓顺序是先自营账户，后经纪账户。如果经纪账户头寸强行平仓后，结算准备金大于零，对投资者进行移仓。

如果是因为持仓超过限仓规定而发生的强行平仓，主要有以下 3 种处理方法。

◆ 当只有一个会员出现此种情况时，先平自营账户持仓，再平经纪账户持仓，经纪账户持仓按会员超仓数量与会员持仓数量的比例确定有关投资者的平仓数量。

◆ 当有多个会员出现此种情况时，优先选择超仓数量大的会员作为强行平仓的对象。投资者超仓的，对该投资者的超仓头寸进行强行平仓。

◆ 投资者在多个会员处持仓的，按持仓数量由大到小的顺序选择会员强行平仓。会员和投资者同时超仓的，先对超仓的投资者进行平仓，再按会员超仓的方法平仓。

第 4 章

期货套期保值与期货套利

期货投资除了双向交易、买涨买跌外，还可以利用期货与现货之间的价差找到更多的获利渠道。因为期货是未来远期的商品合约，是人们对未来几个月商品价格的预估，由于诸多因素的影响，期货价格与现货价格肯定会存在价差，而这一价差空间正是投资者们的获利空间。因此，只要投资者加以利用，同样可以为自己带来不菲的收益回报。

- 明白期货套期保值是怎么回事儿
- 期货还可以进行套利

4.1 明白期货套期保值是怎么回事儿

期货市场投资有两种主要的投资方式，一种是投机，一种则是套保，而且通常在期货开户时就已经在账户中标记了是投机账户还是套保账户。投机很容易理解，它是普通投资者最常接触的一种投资方式，即低买高卖，或者高卖低买，赚取价差收益；而套保账户则是指套期保值。接下来就来重点介绍套期保值究竟是怎么一回事儿。

4.1.1 明确期货套期保值的作用

期货套期保值实际上是将期货市场当作转移价格风险的场所，利用期货合约作为将来在现货市场上买卖商品的临时替代物，对其现在买进准备以后售出商品或对将来需要买进商品的价格进行保险的交易活动。

简单理解就是企业生产者或者是贸易经营者为了企业能够获得稳定的利润，在期货市场买入或卖出相应的期货合约，以此来提前锁定企业的利润。现货与期货的买卖相反，如果现货赔了，期货就会赚；如果现货赚了，期货就会赔，这样一来损失就对冲了。

对于期货套期保值，下面以具体的例子进行说明。

示例讲解
利用套期保值对冲损失

某粮食加工厂，玉米是其主要原材料，他们认为后期玉米价格极有可能会上涨，所以准备提前通过期货合约来进行套期保值。已知 2 月玉米现货价格为 2 500.00 元 / 吨，期货价格为 2 460.00 元 / 吨。该粮食加工厂买进期货合约 10 手（1 手 =10 吨），投入资金计算如下（案例计算均不考虑手续费）。

2 460.00×10×10=246 000.00（元）

到了 6 月，玉米价格上涨，此时现货市场玉米价格为 2 800.00 元 / 吨，期货价格为 2 780.00 元 / 吨，此时该粮食加工厂在现货市场买进 100 吨玉米，在期货市场卖出 10 手期货合约，实现对冲，计算该粮食加工厂期货套期保值情况如下。

现货市场：2 800.00×100=280 000.00（元）

期货市场：2 780.00×10×10=278 000.00（元）

期货投资获利：278 000.00−246 000.00=32 000.00（元）

套利结果：现货市场亏损 34 000.00 元，期货市场获利 32 000.00 元，盈亏对冲，净损失：34 000.00−32 000.00=2 000.00（元）

如果该粮食加工厂不做套期保值，那么将损失 34 000.00 元。

同样的，假设该粮食加工厂向农民签订了收购 100 吨玉米的合同，如果后期玉米价格下跌，那么转售玉米的收益就会受到影响，为避免到时候工厂收益降低，所以在期货市场买进玉米期货合约进行期货套期保值。已知 2 月现货市场玉米 2 500.00 元 / 吨，期货市场玉米合约价格 2 460.00 元 / 吨，该粮食加工厂卖出期货合约 10 手（1 手 =10 吨），计算如下（案例计算均不考虑手续费）。

2 460.00×10×10=246 000.00（元）

到了 6 月，玉米价格下跌，此时现货市场玉米价格为 2 250.00 元 / 吨，期货市场玉米合约价格 2 220.00 元 / 吨。此时，该粮食加工厂买入平仓，计算期货套期保值情况如下。

2 月现货市场以每吨 2 500.00 元的价格收购 100 吨玉米，花费如下。

2 500.00×100=250 000.00（元）

6 月现货市场以每吨 2 250.00 元的价格进行售卖。

2 250.00×100=225 000.00（元）

此时亏损：250 000.00−225 000.00=25 000.00（元）

6 月期货市场平仓收益计算：（2 460.00−2 220.00）×10×10=24 000.00（元）

套利结果：现货市场亏损 25 000.00 元，期货市场获利 24 000.00 元，盈亏对冲，净损失：25 000.00−24 000.00=1 000.00（元）

根据上述案例可以看到，套期保值实际上就是利用期货市场来对现货市场的风险进行规避，以对冲降低价格波动给自己带来的经济损失。但是，上述案例中套期保值的方向却不同，案例一是先买进期货合约，然后在后期卖出期货合约，从而降低因为价格上涨而给自己造成的经济损失。案例二是先卖出期货合约，然后在后期买进期货合约，以降低因为价格下跌而给自己造成的经济损失。

所以，期货套期保值根据其操作方向的不同又可以分为多头套期保值和空头套期保值。多头套期保值指交易者先在期货市场买进期货合约，持有多头头寸，为将来现货市场价格上涨而保值。空头套期保值指交易者先在期货市场卖出期货合约，持有空头头寸，为将来现货市场价格下跌而保值。两种套期方法适合不同的投资者和不同的市场行情。

4.1.2　哪些人做期货套期保值比较合适

我们知道期货套期保值是现货价格与期货价格的对冲，需要一个市场来弥补另一个市场的亏损，这就要求投资者除了需要在期货市场进行投资外，还需要在现货市场进行同类实物品种的交易。

这一点对于普通投资者来说是不适合的。首先，因为既要现货市场交易，也要期货市场交易，这需要较大的资金量，普通投资者的资金量难以达到。其次，现货交易还涉及实物存储、实物销售或者实物收购等，这都是普通投资者难以实现的。最后，由于普通的期货投资者不能参与实物交割，所以虽然期货套期保值确实能够抵御价格波动风险，但并不适合大部分普通投资者。

根据期货投资规定，个人期货账户是无法参与期货套期保值的，想要进行期货套期保值就需要开立法人期货账户。因此，期货套期保值有一些特定的适用对象，具体如表4-1所示。

表 4-1　期货套期保值的适用对象

对　象	说　明
各行各业的商品生产者	任何实物生产都需要一个时间周期，而在这一期间价格的波动变化情况会影响生产者的利润情况，例如，农作物种植者提前与收购商以某一固定价格签订农作物收购合同。此时，在生产周期内参与期货交易，可以将利润事先锁定，若时机选择得当，不仅可以稳定利润，还可以获得一笔不错的投资回报
实物营销商	实物商品从购物到实际销售可能需要一段时间，期间的价格波动变化会对营销商的利润产生重要影响。此时，可以在期货市场灵活选择购入和售出时机，还能节省实物仓储的费用，又能够为库存商品进行保值
实物加工者	通常，加工厂从实物买进到实物加工，最后完成出售，需要经过很长一段时间，这一期间加工厂往往承担了较大的风险，不仅是原料价格，还有制成品价格，这些价格波动都会给工厂带来经济损失风险。所以，此时加工者可以进行期货套期保值，以降低价格波动变化带来的市场风险
进出口商	进出口商因为其货物涉及进出口，所以交货时间更长，存在时间风险，另外还存在汇率风险，这些都会给进出口商带来风险。但此时如果同时参加期货套期保值，则可以稳定利润，降低风险

4.1.3　借用套期保值规避风险的前提条件

通过前面的介绍，我们知道通过期货套期保值形成对冲确实可以有效降低市场风险，但是借用期货工具进行套期保值实现对冲，必须具备以下几个前提条件，否则是无效的。

◆ 期货合约的数量

在期货套期保值的过程中，我们需要保证期货合约的品种和数量应该与现货头寸的价值变动大致相同。首先是期货合约的品种，因为期货价格与现货价格紧密相关，所以价格变动趋势大致相同，且波动幅度也相近，这就为套期保值提供了条件。但是，并不是所有的现货品种都有对应的期货品种，此时就可以选择其他与现货品种相关联的期货品种，因为联动效应的影响，同样会对期货合约的价格造成影响。注意，选择的期货品种与现货品种关联性越强，套期保值的效果则越好。

其次是数量，买入的期货合约数量，其价值应该与现货头寸价值大致相同。以前述玉米期货套期保值案例为例，现货市场买进 100 吨玉米，那么期货合约套期保值就应该买入 10 手（1 手 =10 吨），这样才能起到套期保值的作用，如果仅买入 1 手，则只有 10 吨，难以形成有效对冲。

◆ 期货头寸的方向

想要形成对冲，期货头寸的方向应该与现货头寸的方向相反。企业根据实际需要可能会出现已经持有实物商品需要在未来售卖，或者是已经签订约定价格在未来购买某实物商品的情况，此时企业处于现货的多头。当企业已经按照某个固定价格约定在未来销售某实物商品，但尚未持有实物商品，此时企业处于现货市场的空头。

当企业处于现货多头时，利用期货套期保值，就需要在期货市场中建立空头头寸，即卖空开仓；当企业处于现货空头时，利用期货套期保值，就需要在期货市场中建立多头头寸，即买多开仓。

当然，在实际的套期保值中也可能出现现货市场既不是多头，也不是空头的情况，而是计划在未来买入或卖出实物商品。面对这样的情况，只需要记住，期货建立的头寸与未来要进行的现货交易方向相反即可。

◆ 期货合约平仓的时间

期货合约持有的时间应该与现货交易的时间相同，这样一来承担风险的时间段才能对应起来，形成对冲。当企业不再面临现货价格波动风险，那么就应该及时平仓，或者通过交割的方式实现将现货头寸与期货头寸进行了结。

以前述玉米期货合约套期保值为例，2 月期货开仓，6 月现货实物交易，就应该在 6 月执行期货合约平仓。如果 6 月没有平仓，仍然保持期货头寸，那么持有的期货头寸就成了投机性头寸，不再具备套期保值的意义。

只有同时满足了以上 3 个条件，企业才能实现真正的期货套期保值，从而抵抗市场价格波动给自己带来的风险。

4.1.4 套期保值不可不知的操作流程

很多对于套期保值了解不多的人可能会习惯性地认为套期保值复杂，难以操作，但实际上却不是这样，只要投资者对套期保值的操作流程有所了解，便可以轻松掌握。如图 4-1 所示为期货套期保值的操作流程图。

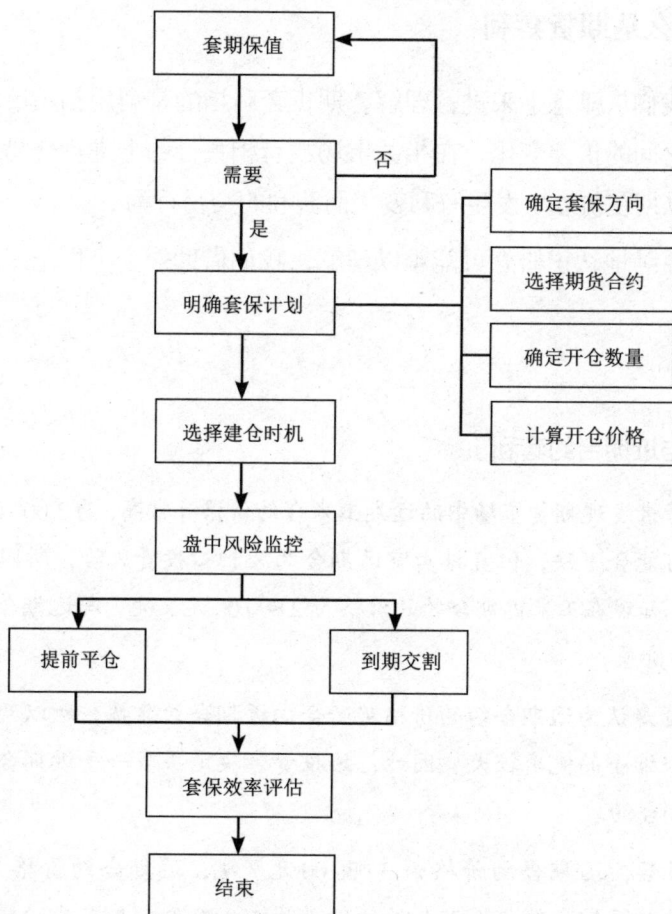

图 4-1　期货套期保值操作流程图

4.2 期货还可以进行套利

根据前面的介绍，我们知道了期货套期保值主要是利用期货合约临近交割期时的价格与现货价格趋于一致来抵御现货市场的风险。而期货套利则不同，它是利用相关市场或者相关合约之间的价差变化而进行的套利行为，也被称为价差交易。运用好期货套利同样可以为投资者带来丰厚的投资回报。

4.2.1 什么是期货套利

首先我们从概念上来进行理解，期货套利指的是利用相关市场或者是相关合约之间的价差变化，在相关市场或者相关合约上进行交易方向相反的交易，以期在价差上发生有利变化而获利的交易行为。

这样单纯地认识概念可能难以理解，我们借助一个小例子来进行简单说明。

示例讲解
远期合约与近期合约套利

某投资者发现期货市场中的远期玉米合约价格异常高，为3 000.00元/吨，认为后期可能会下跌，但直接卖空远期合约又担心投资风险，所以想到了期货套利。已知现在玉米近期合约的价格为2 800.00元/吨，与远期合约形成了200.00元的价差。

该投资者认为远期合约的价格势必会向近期合约靠拢，所以两者之间的价差在未来缩小的概率较大。因此，该投资者决定买多一手近期合约，再卖空一手远期合约。

1个月后，远期合约价格为3 050.00元/吨，近期合约价格为2 950.00元/吨，此时远期合约与近期合约的价差为100.00元，如果此时该投资者同时平仓远期合约和近期合约，那么该投资者的投资收益计算如下（不考虑手续费）。

买多近期合约收益：（2 950.00−2 800.00）×1×10=1 500.00（元）

卖空远期合约收益：（3 000.00−3 050.00）×1×10=−500.00（元）

总盈亏：1 500.00−500.00=1 000.00（元）

上述案例介绍的就是期货套利，它是利用不同月份的期货合约价差而进行的套利。根据上述案例可以看到，期货套利需要满足以下 3 个条件。

方向相反。 期货套利的买卖方向应满足对应原则，即投资者在建立多仓的同时也建立空仓，如果只建立单一方向，则套利不成立。

同进同出。 期货套利要求无论是进场还是出场，多空交易一定要同时进行。如果相隔的时间太长，则可能会失去获利的机会，套利也就不成立了。

数量相同。 在建仓的时候，一定要保证多空方建立同等数量的仓位，否则多出来的部分就会面临较大的风险。

此外，还会有很多投资者担心，如果价差没有按照自己的意愿变化怎么办呢？例如上述案例中的投资者，他预计后市远期合约与近期合约的价差可能会变小，后期确实变小了，他通过套利获得价差收益。但是如果远期合约与近期合约的价差并没有变小，反而变大了，此时投资者会不会承受比单向卖空远期合约更大的投资风险呢？

其实不会，因为投资者在做期货套利时，买进的商品属于同类商品，所以远期合约与近期合约在价格波动的方向上是一致的，不会出现远期合约疯狂上涨，而近期合约急速暴跌的情况，所以，盈亏在很大程度上会被抵消。因此，套利可以为由于价格剧烈波动而引起的损失提供某种保护，其承担的风险较单方向的普通投机交易更小。

4.2.2　利用月份时间套利的跨期套利

期货套利的方法有很多，其中跨期套利是运用较为频繁的一种。跨期套利也被称为跨月套利，它指的是利用同一商品不同交割月份合约之间的价差进行套利的行为。在上一节介绍期货套利时运用的案例就属于跨期套利。

下面我们根据跨期套利示意图来进行理解，如图 4-2 所示为跨期套利示意图。

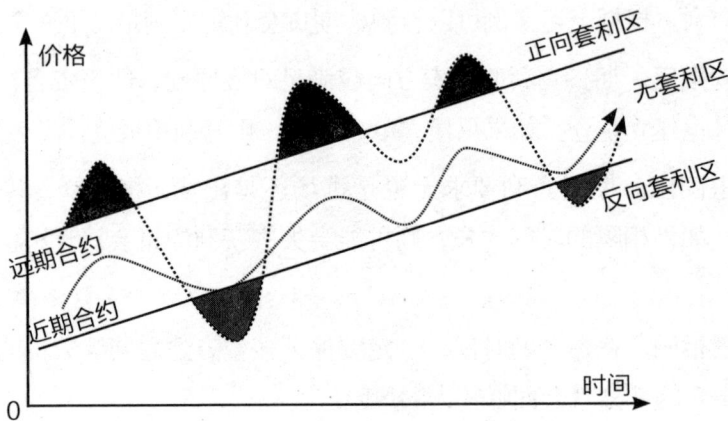

图 4-2 跨期套利示意图

从示意图可以看到，跨期套利实际上是根据远期合约与近期合约的价差波动情况来获利。投资者分别买入或卖出远期合约与近期合约，两者投资方向不同，在投资之初形成持仓成本价差。如果远期合约大于近期合约，且形成的价差大于持仓成本价差时，就进入了正向套利区，此时投资者可以操作正向套利获利；如果远期合约小于近期合约，且形成的价差小于持仓成本价差时，就进入了反向套利区，此时投资者可以操作反向套利获利；如果远期合约与近期合约的价格波动始终在持仓成本价差内波动，则为无套利区间，投资者没有套利机会。

所以，套利方式主要包括正向套利和反向套利两种，具体如下。

正向套利指的是远期合约大于近期合约，且远期合约与近期合约的价差大于持仓成本时，就可以进行套利，此时，投资者在同一时间内买入近期合约，卖出远期合约，两者的头寸数量相等，形成对冲。

正向套利中又分为两种情况：一是预计近期合约的上涨幅度超过远期合约上涨幅度；二是预计近期合约的下跌幅度小于远期合约的下跌幅度。下面用两个例子来进行说明。

示例讲解
正向套利的两种情况

情况一：

6 月份时，粳米 9 月份期货合约价格为 3 200.00 元 / 吨，粳米 12 月份期货合约价格为 3 320.00 元 / 吨，价差为 120.00 元 / 吨。某投资者认为夏季遇到了较大的两场台风，对粳米的产量必然产生影响，所以 9 月份粳米期货合约可能会出现大幅上涨，且涨幅程度超过 12 月份期货合约。因此，投资者买进 1 手粳米 9 月份合约，卖出粳米 1 手 12 月份合约，进行套利。

8 月，情况果然如预期所料，粳米期货合约出现上涨，且 9 月份期货合约上涨幅度超过 12 月份合约上涨幅度。9 月份期货合约的价格为 3 500.00 元 / 吨，12 月份期货合约的价格为 3 400.00 元 / 吨，此时卖出 9 月份期货合约，买入 12 月份期货合约，投资者的投资收益计算如下（不考虑手续费用）。

9 月份期货合约投资收益：（3 500.00-3 200.00）×1×10=3 000.00（元）

12 月份期货合约投资收益：（3 320.00-3 400.00）×1×10=-800.00（元）

总盈亏：3 000.00-800.00=2 200.00（元）

情况二：

如果台风并未对粳米的生长造成影响，粳米涨势良好，那么随着粳米的成熟，大量粳米上市，早期粳米期货合约价格可能会下跌，且下跌幅度小于远期期货合约。所以，此时投资者买进 1 手粳米 9 月份合约，卖出粳米 1 手 12 月份合约，进行套利。

8 月，情况果然如预期所料，粳米期货合约出现下跌，且 9 月份期货合约下跌幅度小于 12 月份期货合约。9 月份粳米期货合约价格为 3 060.00 元，

12 月份期货合约的价格为 3 160.00 元 / 吨，此时卖出 9 月期货合约，买入 12 月份期货合约，投资者的投资收益计算如下（不考虑手续费用）。

9 月份期货合约投资收益：（3 060.00-3 200.00）×1×10=-1 400.00（元）

12 月份期货合约投资收益：（3 320.00-3 160.00）×1×10=1 600.00（元）

总盈亏：-1 400.00+1 600.00=200.00（元）

反向套利指的是市场供大于求，需求不足时，近期期货合约价格跌幅大于远期期货合约跌幅，或者是近期期货合约的涨幅小于远期期货合约的涨幅。在这样的情况下，投资者应卖出近期合约，买入远期合约进行套利。

对于反向套利，情况与上述正向套利类似，这里就不赘述了。

4.2.3　不同期货市场之间的套利

不同期货市场之间的套利指的是跨市场套利，投机者利用同一商品在不同交易所的期货价格的不同，在两个交易所同时买进和卖出期货合约以赚取两者之间的差价利润。当同一种商品在两个交易所中的价格差超出了正常范围，可以在一个交易所进多单，在另一个交易所进空单，待价格差到达了正常范围时，两边都做平仓处理。

要知道，全球范围内有很多大宗商品交易市场，而市场中又存在很多交易标的相同或者相似的商品。虽然不同市场上的同类商品在价格走势上总体保持一致，但是有时候也会产生价格背离的情况，这就给投资者提供了较好的套利机会。

如图 4-3 所示是芝加哥市场与大连商品交易所豆粕走势比较。从下图可以看到，美豆粕走势与大连商品交易所中的豆粕走势大致上表现出一致性。当美豆粕表现上涨时，大商所中的豆粕也表现上涨；当美豆粕表现下跌时，大商所中的豆粕也表现下跌，两者走势联系密切。

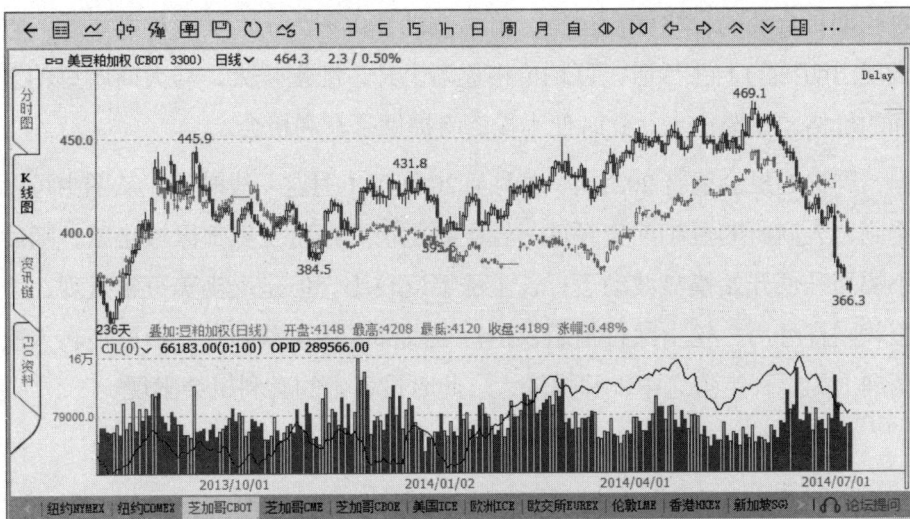

图4-3　芝加哥市场与大连商品交易所豆粕走势比较

但是，它们也并不是永远都同涨同跌，如图4-4所示。仔细观察可以发现，2020年9月至12月，以及2021年12月至2022年1月，这两个阶段中，美豆粕走势与大商所豆粕走势表现出了背离。

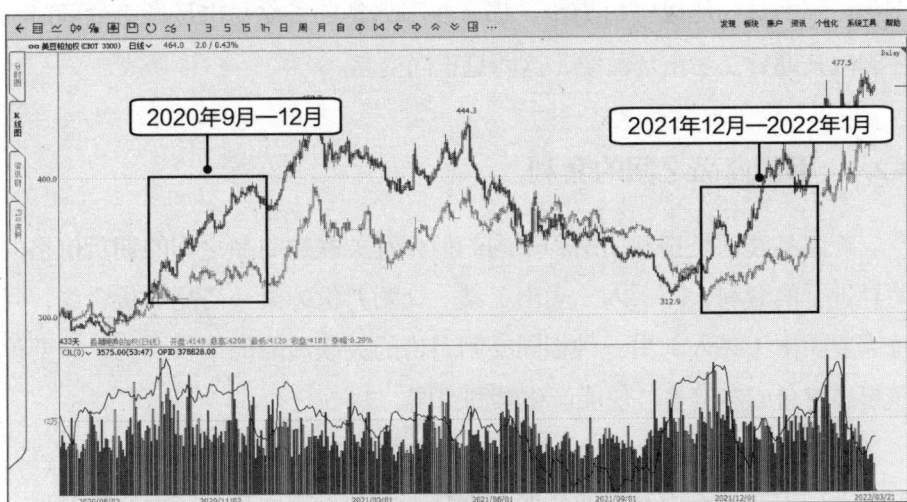

图4-4　芝加哥市场与大连商品交易所豆粕走势的背离

从上图可以看到，2020年9月—12月，大商所豆粕表现横盘走势，豆粕期货合约的价格横盘运行，价格波动变化不大；而美豆粕则不同，它表现出明确的上涨行情，豆粕价格逐渐上升，涨幅较大，与大商所豆粕之间的价格差逐渐拉大，此时便为投资者提供了套利机会。

同样的机会还有 2021 年 12 月至 2022 年 1 月这一段时间。从图中可以看到，大商所的豆粕期货经过一轮下跌行情后运行至底部区域止跌，随后小幅回升便开始横盘波动运行，上涨幅度较小。但是反观美豆粕发现，美豆粕同样经历一轮下跌行情后，运行至底部区域止跌回升，随后便转入震荡向上的上升走势之中，涨幅较大。此时投资者的套利机会出现。

期货跨市交易需要满足 3 个前提条件，具体如下。

①期货交割标的物的品质相同或相近。

②期货品种在两个期货市场的价格走势具有很强的相关性。

③进出口政策宽松，商品可以在两国自由流通。

同样的，期货跨市套利也可以分为正向套利和反向套利两种。如果贸易方向与套利方向一致，则称为正向套利；反之，则称为反向跨市套利。例如，国内某商品以进口为主，那么在国外某期货交易市场做多的同时，在国内某期货交易市场做空，这就是正向交易。

4.2.4　不同商品之间的套利

跨商品套利是指利用两种不同的但相互关联的商品之间的期货价格的差异进行的套利，即买入（卖出）某一交割月份的某一商品期货合约，同时需要卖出（买入）另一种相同交割月份的关联商品的期货合约，只要价差超出持仓成本价差，便能产生套利空间。

这里尤其需要注意的一点是，虽然套利的是两个不同的商品期货合约，但是它们不是两个完全无关的期货商品，商品之间应具有一定的相关性，或者是可替代品，又或者是受同一供求变动因素的影响。例如，大豆和豆粕，虽然它们是两个不同的期货商品，但是它们为上下游产品，彼此之间关系紧密，二者的供求关系会体现在其价格波动变化上。大豆的价格上升，豆粕的价格必然也会跟着上涨。

尽管跨商品套利的期货商品之间因为关联紧密，价格波动变化大致一致，但是商品具体的价格上涨幅度和下跌幅度却不是完全一致的。两个品种之间的价格必然会形成价格差，且这个价差是会变化的，如果两者之间的价格偏离正常值时，就有向正常值回归的趋势，进而出现套利机会。

因此，跨商品套利必须具备以下 3 个条件。

①两种商品之间应具有关联性或相互替代性。

②交易受同一因素制约。

③买进或卖出的期货合约通常应在相同的交割月份。

下面用一个案例进行说明。

示例讲解
豆粕与大豆之间的套利

假设豆粕期货合约 5 000.00 元 / 吨，大豆期货合约 5 500.00 元 / 吨，大豆和豆粕两个商品的价差通常在 500.00 元左右。但是某一时期，大豆期货合约价格突然急速上涨至 6 500.00 元 / 吨，豆粕期货合约价格上涨为 5 050.00 元 / 吨。两者的价差上涨至 1 450.00 元 / 吨，偏离正常值 500.00 元，此时出现套利机会。

因为大豆和豆粕价差有回归到正常值 500.00 元 / 吨的趋势，所以投资者卖出 1 手大豆期货合约，买进 1 手豆粕期货合约。两个月后，大豆期货合约价格上涨至 6 580.00 元 / 吨，豆粕期货合约价格上涨至 6 100.00 元 / 吨，大豆和豆粕价差为 480.00 元 / 吨，价差回归到 500.00 元附近，此时平仓大豆期货合约和豆粕期货合约，计算投资者的套利收益（不考虑手续费）。

卖出大豆期货合约收益：（6 500.00−6 580.00）×1×10=−800.00（元）

买进豆粕期货合约收益：（6 100.00−5 050.00）×1×10=10 500.00（元）

总盈亏：10 500.00−800.00=9 700.00（元）

总而言之，跨商品套利就是当两个相关联的商品出现异常价差时，买入相对价格比较低的商品期货合约，同时卖出价格相对较高的商品期货的等量合约，等待时机，再低价买进原来持有的空头合约，高价卖出原来的多头合约，两份合约同时对冲，一盈一亏，盈亏相抵之后，投资者就能获得两种商品之间的价差利润。

需要注意的是，跨商品套利根据商品的材质可以分为两种情况：第一种是上述案例中介绍的相关商品之间的套利；第二种则是原料与成品之间的套利。

商品之间的套利很容易理解，前面我们也提到过就是两个关联性较强的商品，价格有相似的变化趋势，可以实现套利。而原料与商品之间的套利则是利用原材料与它的制成品之间的价格关系进行套利，制成品与原材料属于上下游关系，下游价格上涨，上游产品必然上涨；下游价格下跌，也会引发上游价格的下跌。

所以，投资者在进行跨商品套利时不要局限于商品之间的套利，也可以关注原料与制成品之间的套利。

4.2.5　期货与现货之间的套利

商品在期货市场有一个期货合约价格，在现货市场上有一个现货价格，虽然两者关系紧密，价格波动趋势基本保持一致，但因为交割、仓储等需要额外的费用，所以期货价格应该高于现货价格。而期货价格又表现为未来预期价格，所以往往又会存在价格背离的情况，例如某商品现在需求量大、供货紧张，使得现货价格突然急涨，但预期未来一段时间后会大幅好转，这样一来期货价格也可能小于现货价格。

如果投资者认为当前期货和现货价格走势背离情况比较严重，未来期货价格并不会下跌，就可以通过卖出现货、购买期货合约进行套利；如果投资者认为未来期货的价格会下跌，就可以通过买入现货、卖出期货合约进行套利。因此，投资者利用期货市场与现货市场中同一商品的价差进行的套利行为就是期现套利。

　　期现套利的实质是对现货价格与期货价格之间的基差进行套利。基差是现货价格与期货价格的价差，基差的变动是可以分析和预测的，分析正确可以获利，即便分析失误，套利的风险也远低于单向投机的风险。

　　理论上，期货价格是商品未来的价格，现货价格是商品实际的价格，按照经济学上的同一价格理论，两者间的差距即"基差"。一旦基差与持有成本偏离较大，就出现了期现套利的机会。其中，期货价格要高出现货价格，并且高出的部分要超过用于交割的各项成本，如运输成本、质检成本、仓储成本和开具发票所增加的成本等。

　　如图 4-5 所示为期货与现货套利示意图。

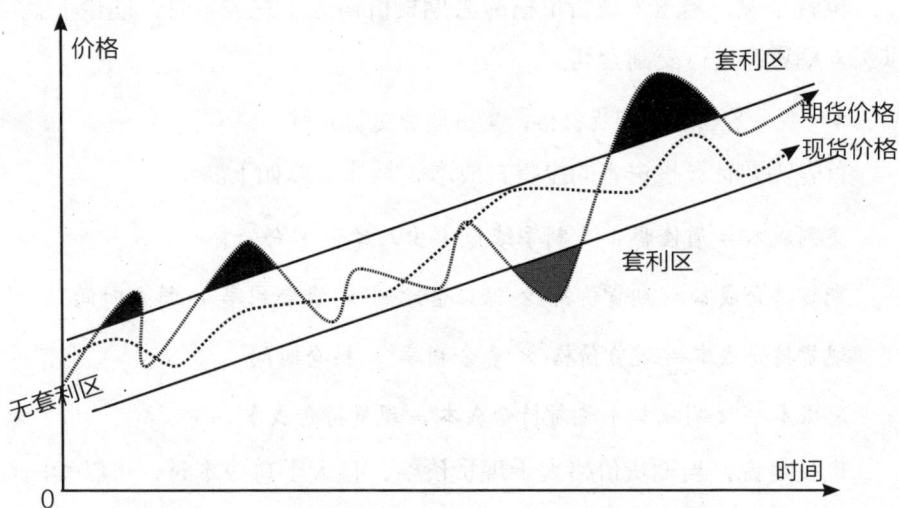

图 4-5　期货与现货套利示意图

　　从图中可以看到，在期货价格高出现货价格一定幅度的前提下才可以进行正向套利，现货价加上这个幅度后的价格称为上边界；反之，期货价必须低于现货价一定幅度时才可以进行反向套利，将现货价减去这个幅度后的价格称为下边界。当期货价位于上下边界之间时，无法进行期现套利，因而将这个上下边界之间称为无套利区间。

以玉米为例，玉米现货实物交割的费用分为买方费用和卖方费用。卖方费用包括入库费、检验费、现货仓储费、期货仓储费和交割手续费；买方费用包括交割手续费、现货仓储费、期货仓储费和出库费。所以，如果想要对玉米进行期货与现货之间的套利，就需要进行如下考虑。

◆ 现货价格大于期货价格，买入期货交割套利

首先需要计算投资者的投资总成本，具体计算如下。

交割成本 = 交割手续费 + 出入库费 + 仓储费

期货持仓成本 = 期货价格 × 保证金比例 × 资金利率 × 持仓时间

总成本 = 交割成本 + 期货持仓成本

也就是说，当玉米现货价格减去期货价格大于总成本时，理论上就可以买入期货，进行交割套利。

◆ 现货价格小于期货价格，卖出期货交割套利

首先需要计算投资者的投资总成本，具体计算如下。

交割成本 = 质检费 + 交割手续费 + 出入库费 + 仓储费

期货持仓成本 = 期货价格 × 保证金比例 × 资金利率 × 持仓时间

现货持仓成本 = 现货价格 × 资金利率 × 持仓时间

总成本 = 交割成本 + 期货持仓成本 + 现货持仓成本

也就是说，当期货价格大于现货价格，且大于总成本时，可以卖出期货交割套利。

当然，这里只是提供一种套利思路，在实际的投资中运用期现套利的投资者较少，且因涉及实物交割，普通投资者往往难以参与。

第 5 章

想要期市获利盘面分析不可少

对于大部分投资者来说，期市投资更多的是通过期货合约买多、卖空获利，而非实物交割。这就需要投资者对期货的价格趋势变化有一个准确的把握，才能及时抓住市场中转瞬即逝的投资机会。而分析价格趋势变化离不开对盘面的分析和判断，本章就走进盘面分析的重要工具——K线。

- 盘面"解语花"——K线
- 经典的多根K线组合形态
- 长期K线反转形态

5.1 盘面"解语花"——K线

K线通常指的是K线图，主要用于记录期货市场中的价格波动变化情况，且根据价格波动变化的不同，形成不同的K线形态，而这些不同的K线形态具有不同的市场意义，可以帮助投资者找到投资机会。

5.1.1 认识K线图

K线图是期货价格走势分析中的主图，它能为投资者提供众多的市场投资信息，如图5-1所示为焦煤2302期货的价格日K线图。

图5-1 焦煤2302期货的价格日K线图

从图中可以看到，完整的K线图通常由以下几个部分组成。

- ◆ **图形名称**：显示在图形的左上角，包括期货合约名称、交割日期和K线的统计周期等内容。

- ◆ **横坐标**：时间坐标，不同的统计周期显示的单位时间是不同的。

- ◆ **纵坐标**：期货合约的价格坐标。

◆ **K 线**：每个统计周期的价格情况，由柱体与影线组成。

可以看到，K 线图看起来简单、直观、清晰，大部分投资者通过 K 线图都能快速获取想要的基本信息。

5.1.2　认识单根 K 线

从图 5-1 所示的 K 线图可以看到，K 线图实质上是由许许多多的单根 K 线组合而成的，很多投资者之所以看不懂 K 线图，其实是对单根 K 线认识不清，不知道它的意义。只有正确认识了单根 K 线，才能进一步挖掘潜藏在 K 线图中的投资奥秘。

如图 5-2 所示为单根 K 线示意图。

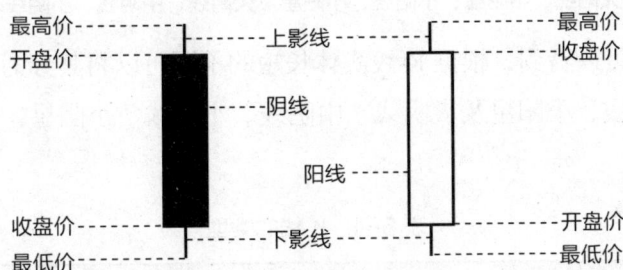

图 5-2　单根 K 线示意图

从上图可以看到，一根完整的 K 线往往是由实体和影线两部分组成，在实体上方的影线叫作上影线，在实体下方的影线叫作下影线，而实体有阴线与阳线的区分。它们各自的意义如下。

◆ **阴线**：在一天的价格中，如果收盘价低于开盘价，则画出阴线，用一根实心的柱体表示。

◆ **阳线**：在一天的价格中，如果收盘价高于开盘价，则画出阳线，用一根空心的柱体表示。

◆ **上影线**：在 K 线图中，柱体上方的线称为上影线，它表示一天之中价格向上运行的价位。

◆ **下影线**：在 K 线图中，柱体下方的线称为下影线，它表示一天之中价格向下运行的价位。

5.1.3 K 线的类型介绍

K 线除了简单的阳线和阴线之分外，还可以根据实体的大小来对其进行划分，如图 5-3 所示。

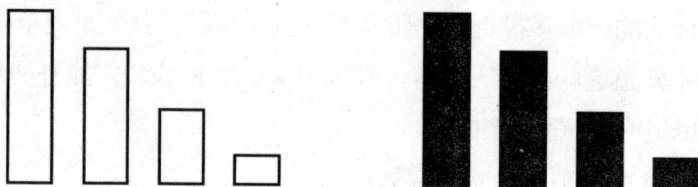

图 5-3 大阳线、中阳线、小阳线、小阳星及大阴线、中阴线、小阴线、小阴星

从上图可以看到，根据 K 线实体长短的不同可以将其分为大阳线、中阳线、小阳线、小阳星及大阴线、中阴线、小阴线、小阴星，具体介绍如表 5-1 所示。

表 5-1 K 线的类型

名　　称	说　　明
大阳线	大阳线通常是指涨幅在 5% 以上的阳线，表示多头战胜空头，并获得压倒性的优势
中阳线	中阳线指涨幅在 3% ～ 5% 的阳线，表示多头战胜空头
小阳线	小阳线指涨幅在 1% ～ 3% 的阳线，表示多头略胜于空头
小阳星	小阳星指开盘价与收盘价比较接近，实体较小，收盘价略高于开盘价的小阳线，多空混战，局势不明
大阴线	大阴线通常是指跌幅在 5% 以上的阴线，表示空头战胜多头，并获得压倒性的优势
中阴线	中阴线指跌幅在 3% ～ 5% 的阴线，表示空头战胜多头
小阴线	小阴线指跌幅在 1% ～ 3% 的阴线，表示空头略胜于多头

续表

名　称	说　明
小阴星	小阴星指开盘价与收盘价比较接近，实体较小，开盘价略高于收盘价的小阴线，多空混战，局势不明

除了上面介绍的柱体阳线之外，还有一种比较特殊的没有实体的 K 线形态，即收盘价与开盘价几乎是相等的，称之为同价线。这种 K 线一般用"十"字或"T"字来表示。在商品期货合约中，这是非常容易出现的 K 线形态，如图 5-4 所示。

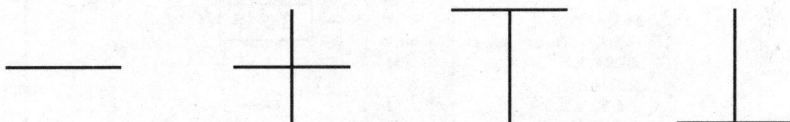

图 5-4　同价线

我们平常使用最多的是日 K 线图，但实际上为了帮助投资者精准地分析行情，期货软件还为投资者提供了月 K 线图、周 K 线图或 5 分钟 K 线图等不同周期的 K 线，具体如表 5-2 所示。

表 5-2　不同周期的 K 线图

名　称	说　明
日 K 线图	日 K 线图指一个完整交易日中以开盘价、收盘价、最高价和最低价绘制的 K 线图
周 K 线图	周 K 线图以周一的开盘价、周五的收盘价及一周内的最高价和最低价来绘制的 K 线图（若是周五、周六可以进行交易的产品，则收盘价以周日的收盘价计算）
月 K 线图	月 K 线图是以一个月第一个交易日的开盘价及最后一个交易日的收盘价以及中间的最高价与最低价来绘制的 K 线图
5 分钟 K 线图	5 分钟 K 线图是以 5 分钟为间隔，用 5 分钟内的开盘价、收盘价、最高价与最低价绘制的 K 线图，同样还有 1 分钟 K 线图、3 分钟 K 线图、15 分钟 K 线图和 30 分钟 K 线图等

不同周期的 K 线图可以根据投资者的实际需求来进行选择。在打开的

K 线图中右击，在弹出的快捷菜单中选择"分析周期"选项，在弹出的子菜单中选择适合的周期，如图 5-5 所示。

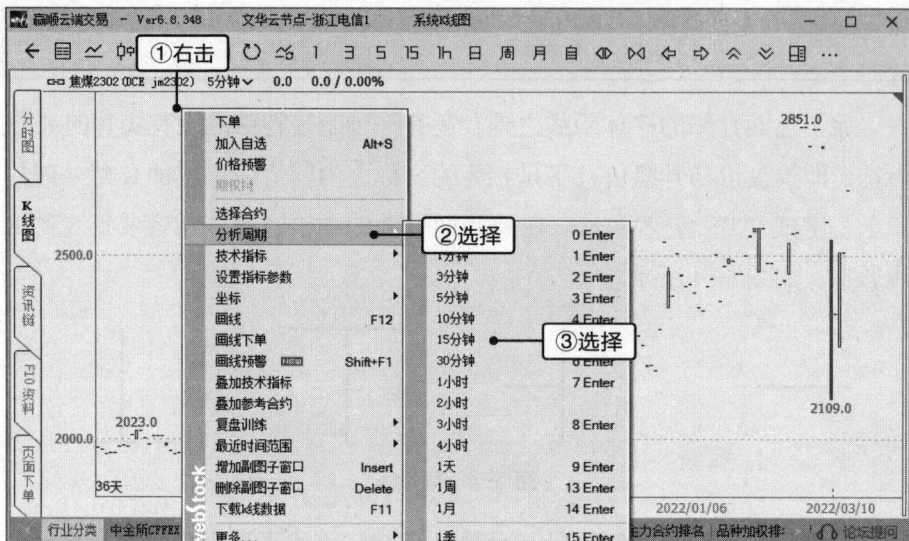

图 5-5　选择 K 线周期

5.1.4　单根反转 K 线

除了一些常规的 K 线外，K 线图中还存在一些具有市场反转意义的单根 K 线，如果投资者在 K 线图中发现了这些单根 K 线的足迹，需要注意，有可能价格即将发生反转。常见的单根反转 K 线有以下一些。

（1）锤子线

锤子线又叫锤头线，意思是这一根 K 线从形态上看就像是一个锤子，实体较小，且下方有长长的影线，上方影线很短甚至是没有。

锤子线根据实体颜色的不同分为两种情况，一种是实体为阳的锤子线，另一种是实体为阴的锤子线。

如图 5-6 所示为锤子线的示意图。

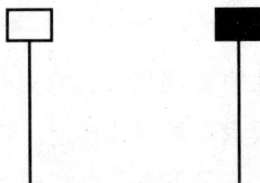

图 5-6 锤子线示意图

从上图可以看到，锤子线形态需要满足以下几个条件才具有意义。

①实体位于整个价格区间的上端。

②下影线的长度至少达到实体高度的两倍。

③在这类 K 线中，应当没有上影线，即使有上影线，其长度也是极短的。

④下影线越长、上影线越短、实体越小，该锤子线就越有意义。

⑤连续下跌的时间越长，锤子线止跌回升的信号也就越强烈。

⑥下影线越长，上涨信号就越强烈。

如图 5-7 所示为锤子线 K 线图。

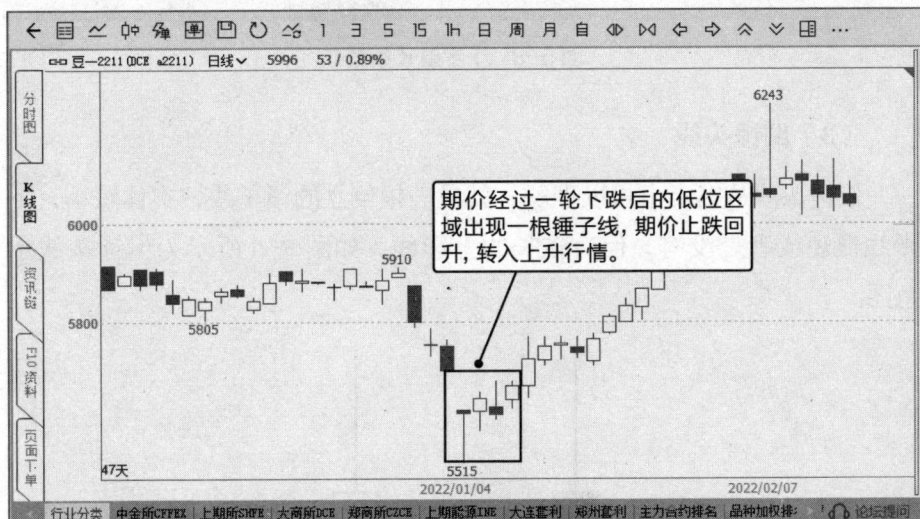

图 5-7 锤子线 K 线图

（2）十字星

十字星是一种比较特殊的 K 线形态，它只有上下影线，没有实体或实体极其微小，且开盘价与收盘价相同或接近。其中，上影线越长，表示上方压力越大，下影线越长，表示下方买盘旺盛。如果十字星出现在价格走势的高位或者是低位，常常是市场反转的信号，如图 5-8 所示。

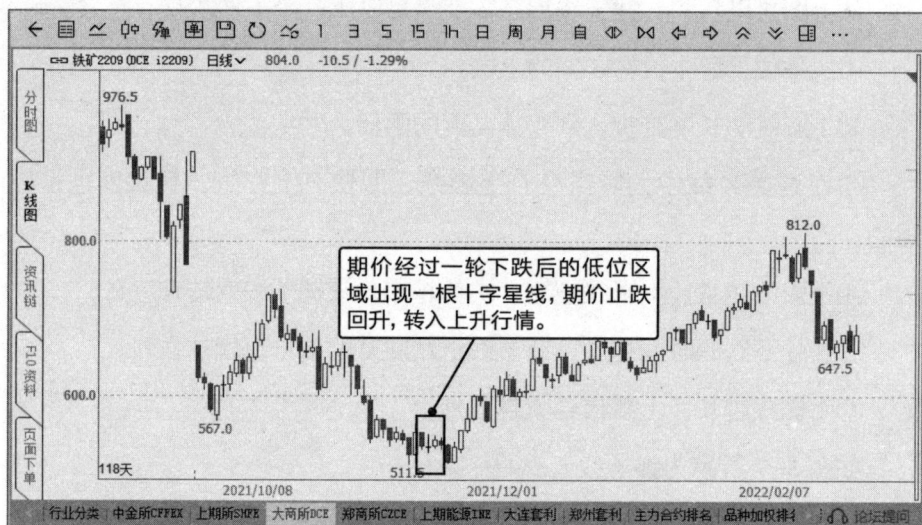

图 5-8　十字星 K 线图

（3）倒锤头线

倒锤头线从名字上可以理解，就是一根倒立的锤子线，实体较小，下影线很短或者是没有，但有较长的上影线。如图 5-9 所示为倒锤头线示意图。

图 5-9　倒锤头线示意图

这个形态是一种主力试盘行为，代表多方试探性地向上发起进攻，冲高后回落。如果在顶部出现，通常看空，不可以轻易操作；如果在底部，可能会迎来一波上涨，如图 5-10 所示。

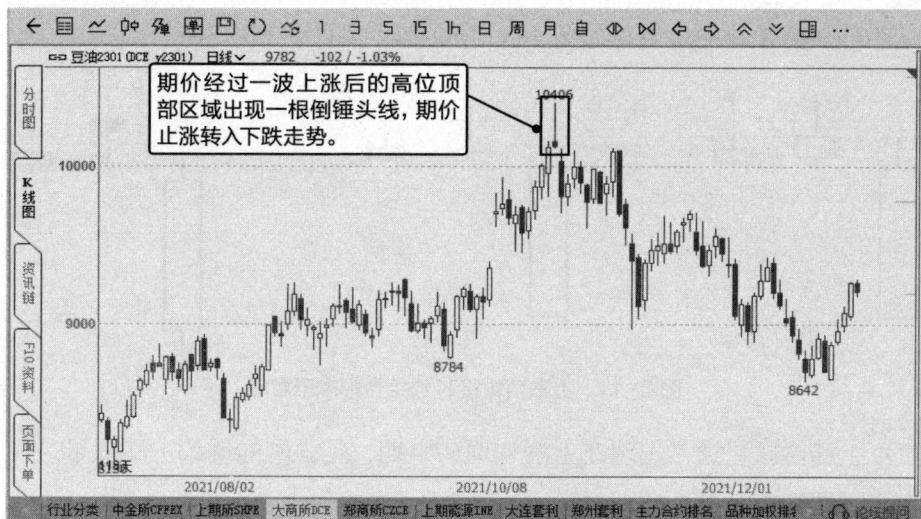

图 5-10　倒锤头线 K 线图

综上所述，可以看到一些特殊的单根 K 线确实能够为投资者提供市场信号，帮助投资者做出投资决策。但是，投资者也需要注意一点，在发现这些 K 线形态时不能立即做出投资决策，还需要根据其具体位置来实际分析，才能得到准确的信号。

5.2　经典的多根 K 线组合形态

前面介绍了一些具有市场指示意义的单根 K 线，除了单根 K 线外，多根 K 线形成的 K 线组合形态同样具有指示意义，且多根 K 线组合形态的信号更强烈，也更准确。

5.2.1　上涨两颗星

上涨两颗星是一种比较常见的 K 线组合形态，它是由 3 根 K 线组合而成，先是一根中阳线或大阳线，后面两根小阳线、小十字线或小阴线，位置在第一根 K 线的上方。如图 5-11 所示为上涨两颗星示意图。

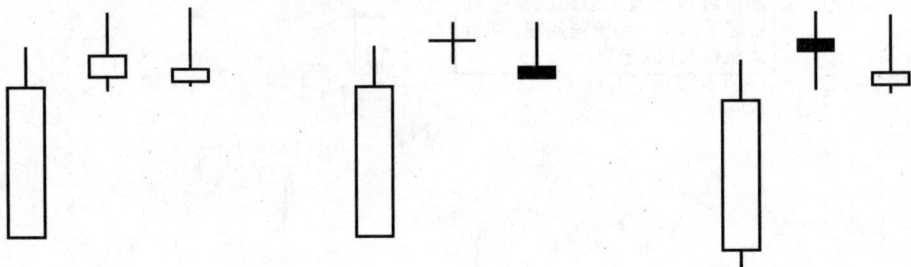

图 5-11　上涨两颗星 K 线组合形态示意图

上涨两颗星通常出现在上涨初期和中期，是强烈的继续上涨信号，投资者可继续看多。

示例讲解
上涨两颗星出现价格继续上涨

如图 5-12 所示为 IC2207 合约 2018 年 5 月至 2021 年 7 月的 K 线走势。

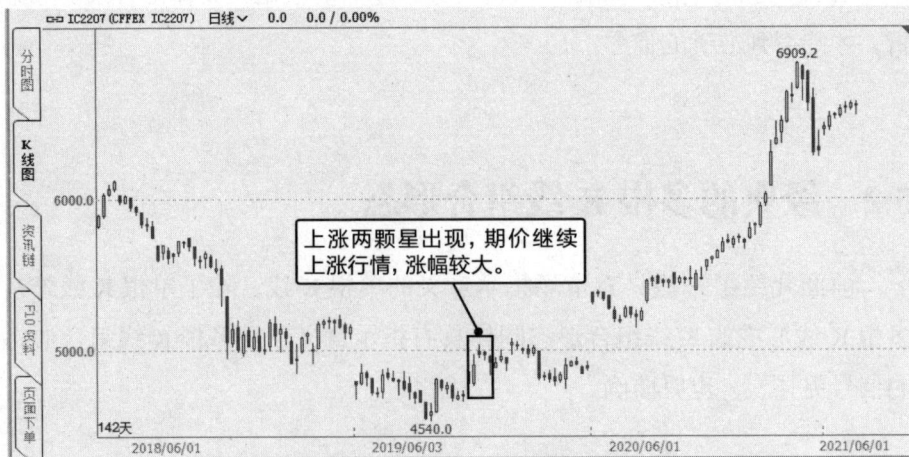

图 5-12　IC2207 合约 2018 年 5 月至 2021 年 7 月的 K 线走势

从上图可以看到，IC2207 合约前期表现下跌趋势，期价从 6 000.00 元附近的高位向下滑落。2019 年 6 月创下 4 540.00 元的新低后止跌企稳，小幅横盘一段后 K 线收出一根大阳线，且后面紧跟着两根小阴线，形成上涨两颗星形态。期价继续表现上涨走势，且这波上涨行情涨势强劲，涨幅较大，周期较长。

5.2.2　下跌两颗星

下跌两颗星是与上涨两颗星相反的一个 K 线组合形态，由 3 根 K 线组合而成，先是一根中阴线或大阴线，后面两根小阳线、小十字线或小阴线，但位置在第一根 K 线的下方。如图 5-13 所示为下跌两颗星示意图。

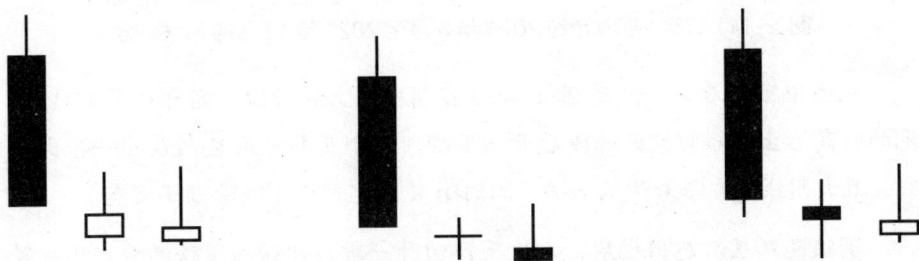

图 5-13　下跌两颗星 K 线组合形态示意图

下跌两颗星通常出现在下跌初期或者是中期，是强烈的下跌信号，或者是继续下跌的信号。投资者见到下跌两颗星可坚持看空。

需要注意一点，不管是上涨两颗星，还是下跌两颗星，都可能出现一种衍生形态，即出现三颗星、四颗星的情况，多颗星的出现使得上涨或下跌的信号进一步加强。

示例讲解

下跌初期出现下跌两颗星价格继续下跌

如图 5-14 所示为铁矿 2206 合约 2021 年 3 月至 2021 年 12 月的 K 线走势。

图 5-14　铁矿 2206 合约 2021 年 3 月至 2021 年 12 月的 K 线走势

从图中可以看到，铁矿 2206 合约前期表现上涨行情，期价创下 1 413.00 元的新高后止涨短暂横盘一段后开始下跌。几个交易日后 K 线收出一根大阴线，且大阴线下方跟着两根一阴一阳的小 K 线，形成下跌两颗星形态。

下跌两颗星形态出现后，期价反弹回升一段后便转入下跌趋势之中，跌势沉重，跌幅较大，时间周期较长。

5.2.3　早晨之星

早晨之星组合是 K 线组合中最常出现的，也是最稳定的信号之一，和它的名字一样，早晨之星预示着后市看涨。早晨之星 K 线组合形态有如下特征。

第一天，期货价格下跌，并且由于恐慌性抛盘出现一根较长的阴线。

第二天，低开下行，但跌幅不大，实体部分较短，这是形成早晨之星的主体，可以是阴线，也可以是阳线。

第三天，一根长阳线出现，收盘价必须大于第一根阴线的开盘价。

如果早晨之星的第二根 K 线是十字星，这就形成了早晨十字星。早晨十字星是比早晨之星更具可信度的上升信号。

早晨之星组合的具体形态如图 5-15 所示。

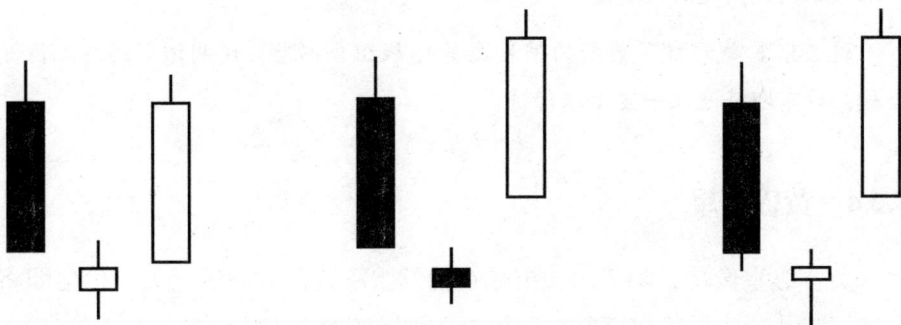

图 5-15　早晨之星 K 线组合形态示意图

示例讲解

早晨之星出现价格止跌企稳

如图 5-16 所示为 PP2301 合约 2021 年 11 月至 2022 年 3 月的 K 线走势。

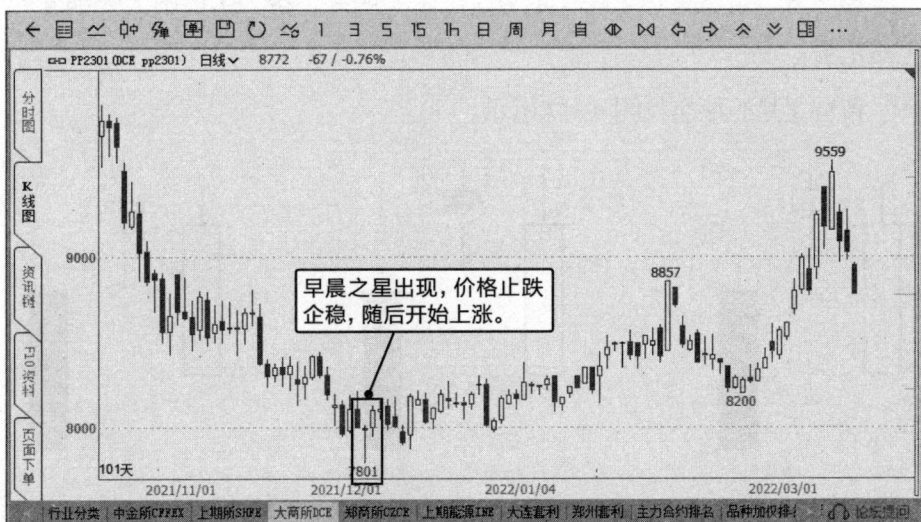

图 5-16　PP2301 合约 2021 年 11 月至 2022 年 3 月的 K 线走势

从上图可以看到，PP2301 合约前期表现下跌行情，从 9 700.00 元上方开始下跌。2021 年 12 月初，跌至 8 000.00 元价位线上止跌横盘运行。12 月 2 日 K 线收出一根中阴线，紧跟着第二天低开收出一根十字星线，第三天又收出一根向上高开高走的大阳线。

这 3 根 K 线形成了典型的早晨之星 K 线组合形态，说明该合约在此位置企稳，后市即将迎来一波上涨行情。

5.2.4　黄昏之星

黄昏之星像是太阳落山，市场在持续上涨之后，后续乏力，价格即将出现下跌。黄昏之星和早晨之星是完全相反的两个形态，具有如下特征。

第一天，市场仍然沉浸在一片狂欢之中会继续之前的涨势，并且拉出一根长阳线。

第二天，价格继续冲高，但尾盘回落，形成影线较长，柱体部分很短的 K 线，可以是阴线，也可以是阳线。

第三天，价格突然下跌，走势拉出了长阴线，抹去了前两天大部分的上涨走势。

黄昏之星的形态如图 5-17 所示。

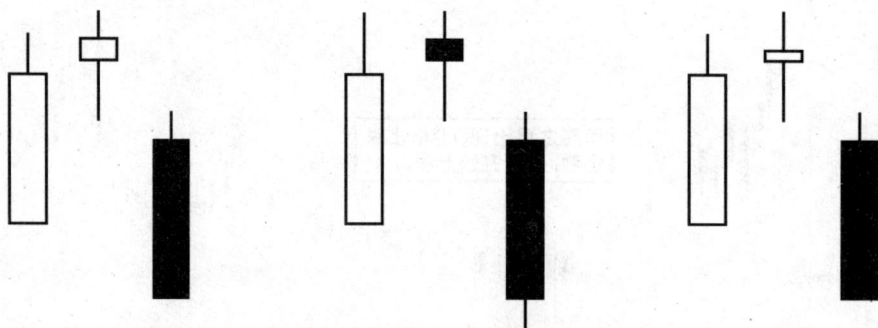

图 5-17　黄昏之星 K 线组合形态示意图

黄昏之星是一种反转信号，一般出现在价格高位顶部，预示期价即将止涨下跌，转入下跌趋势之中。

黄昏之星是在利用 K 线分析期货价格中非常重要的一个工具，在使用时需注意以下几个要点。

①当第二根 K 线形成十字星时，即形成了黄昏十字星，信号会更为准确。

②如果第二根 K 线的上影线较长并且成交量较大，应采取减仓观望的保护性措施。

③第三根 K 线向下超过第一根 K 线的位置越多，说明下跌信号越准确。

示例讲解
黄昏之星形成期价止涨转跌

如图 5-18 所示为焦炭 2212 合约 2021 年 8 月至 2022 年 1 月的 K 线走势。

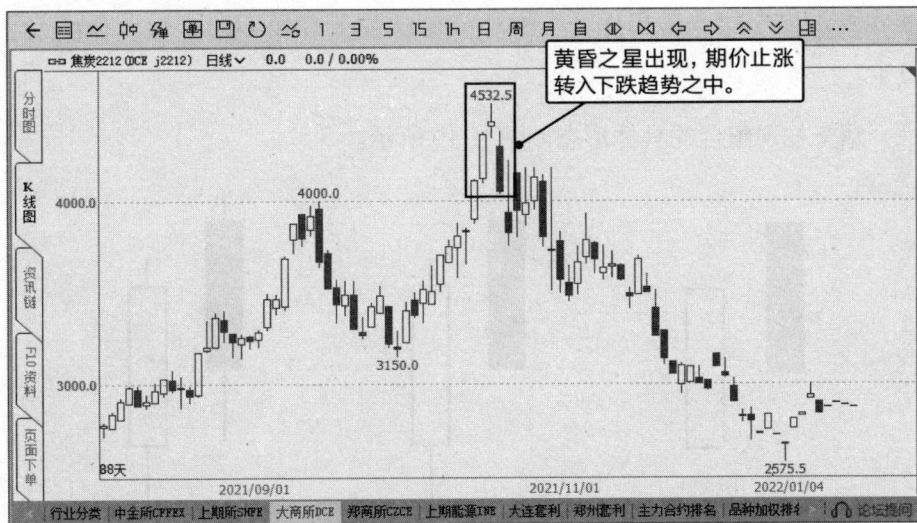

图 5-18　焦炭 2212 合约 2021 年 8 月至 2022 年 1 月的 K 线走势

从上图可以看到，前期焦炭 2212 合约处于上涨行情之中，期价震荡向上，上涨至 4 000.00 元后止涨小幅回调。期价下跌至 3 200.00 元附近后止跌横盘，2021 年 10 月上旬 K 线连续收出多根阳线，使得期价进一步拉升。

2021 年 10 月 18 日，K 线收出一根高开高走的大阳线，第二天期价向上高开，但尾盘回落，形成一根小阳线，并创下 4 532.50 元的新高。第三天期价一改之前的上涨走势，价格突然下跌，走势拉出了大阴线，抹去了前两天的上涨走势。

3 根 K 线形成了典型的黄昏之星形态。黄昏之星出现在期价经历过一轮大幅上涨后的高位区域，说明期价上涨乏力，后市即将转入下跌趋势之中。

5.2.5 曙光初现

在看涨 K 线组合中，曙光初现是一种下跌后反转上涨的组合形态，一般具有如下特征。

①出现在一次较为强烈的下跌趋势中。

②由两根 K 线组成，第一根 K 线为大阴线或中阴线，第二根 K 线为低开高走的大阳线或中阳线，阳线的实体深入到第一根阴线实体的 1/2 以上。

曙光初现组合的具体形态如图 5-19 所示。

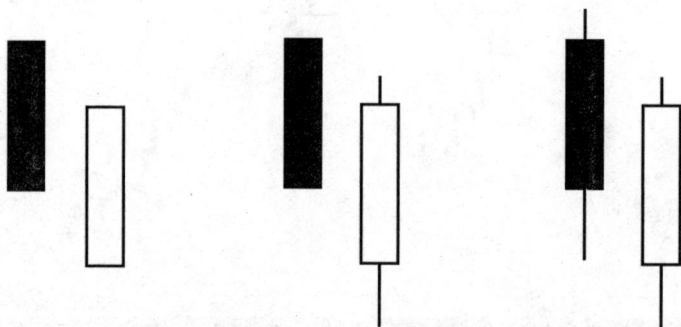

图 5-19　曙光初现 K 线组合形态示意图

示例讲解
曙光初现形成期价止跌回升

如图 5-20 所示为焦煤 2208 合约 2021 年 8 月至 2022 年 3 月的 K 线走势。

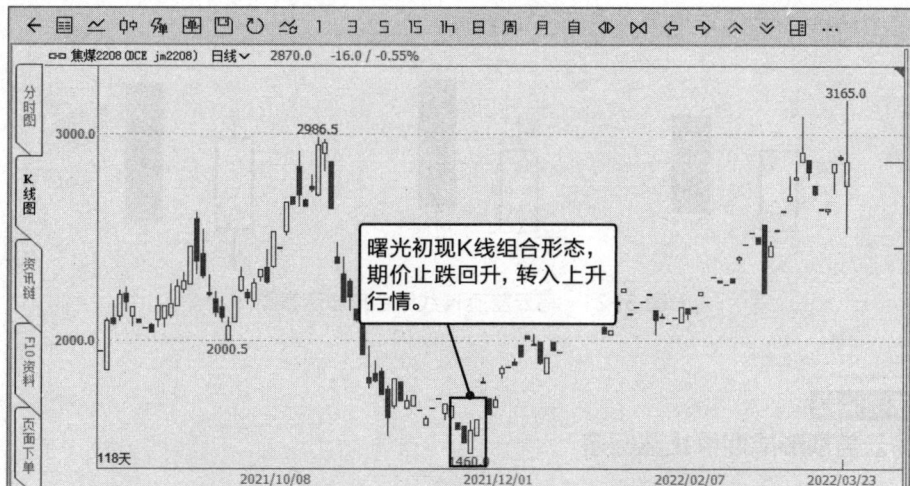

图 5-20 焦煤 2208 合约 2021 年 8 月至 2022 年 3 月的 K 线走势

从上图可以看到，焦煤 2208 合约 2021 年 10 月中旬从 2 986.50 元位置开始下跌，K 线连续收阴，跌势沉重。11 月上旬，期价跌至 1 600.00 元附近后跌势减缓，开始横盘运行。

2021 年 11 月 18 日，期价继续下跌，K 线收出一根中阴线，紧接着第二天期价收出一根大阳线，且阳线实体插入阴线实体 1/2 以上。两根 K 线形成了曙光初现组合形态，为期价止跌回升的信号，说明期价即将迎来一波上涨行情。

5.2.6 乌云盖顶

乌云盖顶组合是 K 线图中一种常见的行情止涨反转下跌信号，可以看作是与曙光初现相反的一种 K 线形态，具有如下特征。

①一般出现在上升趋势之后，也可能出现在水平调整区间的顶部。

②由一阳一阴两根 K 线组成。

③第一天是一根坚挺的阳线，第二天为一根大阴线。第二天的开盘价超过第一天的最高价，且其实体已经超过了第一根阳线实体的 1/2。

乌云盖顶具体形态如图 5-21 所示。

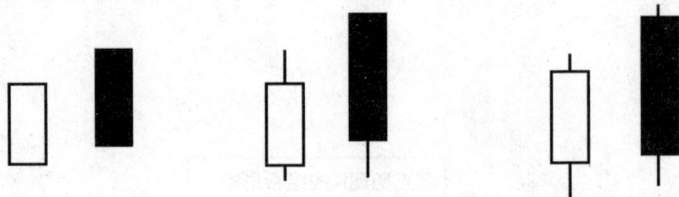

图 5-21　乌云盖顶 K 线组合形态示意图

示例讲解

乌云盖顶形成期价止涨回落

如图 5-22 所示为豆粕 2207 合约 2021 年 3 月至 8 月的 K 线走势。

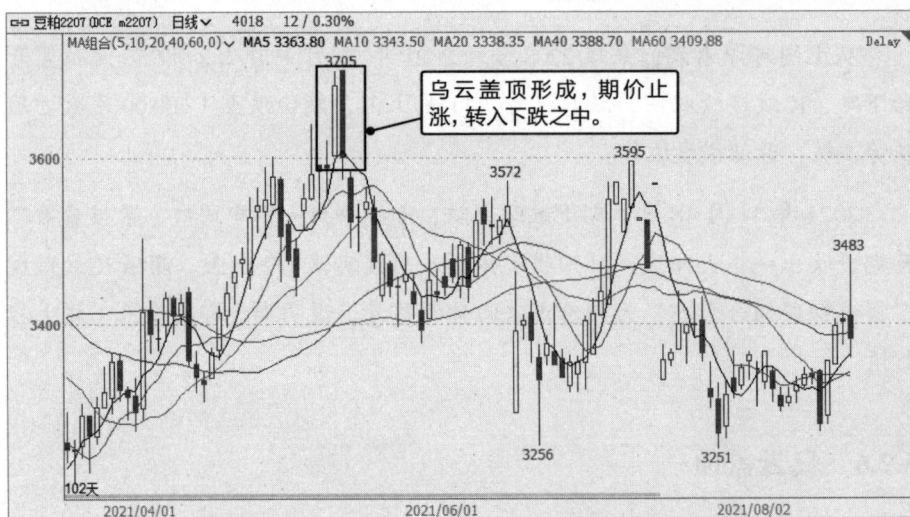

图 5-22　豆粕 2207 合约 2021 年 3 月至 8 月的 K 线走势

从上图可以看到，豆粕 2207 合约前期表现上涨，期价震荡向上。2021 年 5 月 12 日，K 线收出一根高开高走的大阳线，将期价进一步拉升至 3 700.00 元附近，似乎在说明行情形势向好。但是紧接着第二天，期价高开低走收出一根大阴线，且阴线实体插入前一天阳线实体的 1/2 以上，吃掉了前一天大部分的"努力"。两根 K 线形成了乌云盖顶形态，说明这一波上涨已经见顶，后市极有可能转入下跌趋势之中，期价看跌。

5.2.7　两阳夹一阴组合

两阳夹一阴，顾名思义，就是指由两根阳线与一根阴线组成的 K 线组合形态，它也是明显的看涨信号，具有如下特征。

①由 3 根不同的 K 线组成。

②左右两边是阳线，中间是阴线，阳线实体较长，阴线实体较短。

③两阳夹一阴组合在底部出现，适合中长线投资；而在上升途中出现，则适合做短线投资。

两阳夹一阴组合的具体形态如图 5-23 所示。

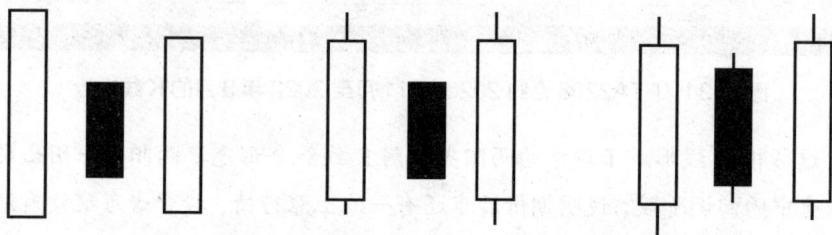

图 5-23　两阳夹一阴 K 线组合形态示意图

示例讲解
回调企稳后出现两阳夹一阴组合

如图 5-24 所示为 PTA2208 合约 2020 年 11 月至 2022 年 3 月的 K 线走势。

从下图可以看到，PTA2208 合约前期处于上升趋势之中，期价震荡向上，从 3 400.00 元附近的位置上涨至 5 638.00 元后止涨下跌回调。随后期价创下 4 526.00 元的低价后止跌企稳，并小幅向上回升，此时 K 线收出一根阳线，紧接着收出一根阴线和阳线，左右两根阳线的实体较长，中间阴线的实体较短，对阴线形成包裹之势。

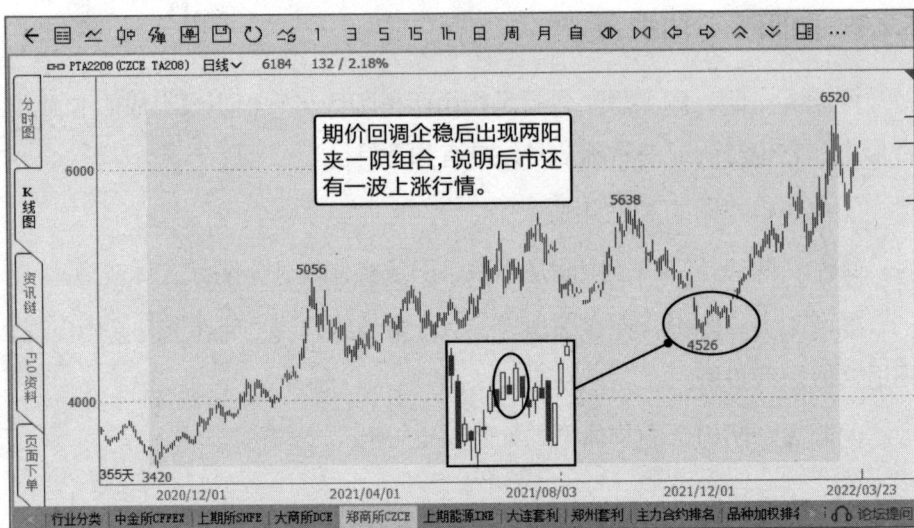

图 5-24　PTA2208 合约 2020 年 11 月至 2022 年 3 月的 K 线走势

这 3 根 K 线形成了典型的两阳夹一阴 K 线组合形态。两阳夹一阴出现在上涨途中的回调阶段，说明期价后市还有一波上涨行情，投资者可继续看涨。

5.2.8　两阴夹一阳组合

两阴夹一阳组合与两阳夹一阴组合相反，它是典型的看跌信号，由两根阴线和一根阳线组合形成，具体特征如下。

①由 3 根不同的 K 线组成。

②左右两边是阴线，中间是阳线，阴线实体较长，阳线实体较短。

③如果两阴夹一阳组合出现在期价上涨后的高位区域，则是期价见顶转跌的信号；如果两阴夹一阳组合出现在期价下跌的途中，说明期价的下跌还未结束，后市继续看跌。

因此，两阴夹一阳组合既可以出现在上涨趋势之中，也可以出现在下跌趋势之中，但无论是涨势还是跌势，都同样属于看跌信号。两阴夹一阳组合的具体形态如图 5-25 所示。

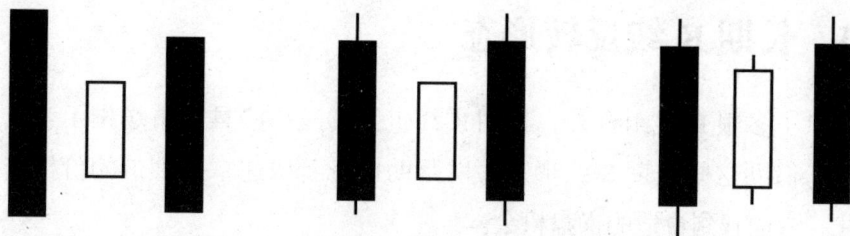

图 5-25 两阴夹一阳 K 线组合形态示意图

示例讲解

高位横盘出现两阴夹一阳

如图 5-26 所示为尿素 2205^M 合约 2021 年 9 月至 2021 年 12 月的 K 线走势。

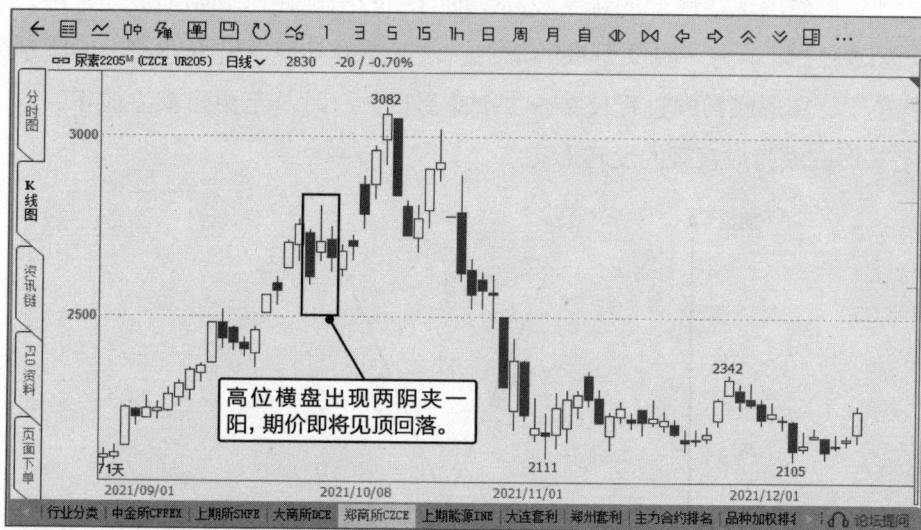

图 5-26 尿素 2205^M 合约 2021 年 9 月至 2021 年 12 月的 K 线走势

从上图可以看到，尿素 2205^M 合约前期表现为上涨行情，期价不断向上攀升。2021 年 10 月上旬，期价上涨至 2 700.00 元附近时止涨横盘。在横盘过程中 K 线连续收出阴线、阳线和阴线，且左右两根阴线的实体包裹阳线实体部分，形成两阴夹一阳 K 线组合形态。

两阴夹一阳 K 线组合形态出现在期价经过一轮上涨后的高位横盘区域，这是期价即将见顶回落的信号，后市看跌。

5.3　长期 K 线反转形态

除了多根 K 线组合外，长期 K 线也会形成一些具有市场指示意义的形态。借助这些长期 K 线形态可以帮助投资者快速掌握期价的价格走势变化，进而找到合适的操盘机会。

5.3.1　V 形底和倒 V 形顶

V 形形态是指形状类似英文字母"V"的 K 线形态，根据方向不同又分为 V 形底形态和倒 V 形顶形态。

V 形底出现在底部的频率较高，而且一般出现在市场剧烈波动之中，如图 5-27 所示为一般 V 形底的形态。该形态与其他反转形态最大的区别就在于，V 形底转向过程仅 2～3 个交易日，有时甚至更短就完成了，这让 V 形底成为最直观的反转形态。

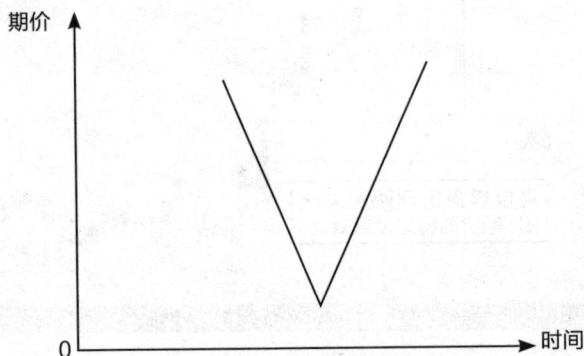

图 5-27　V 形底形态

倒 V 形顶也称尖顶形态，也是一个比较常见的反转形态，它在顶部出现的频率较高，而且一般出现在市场剧烈波动之中，其关键性的转向过程也仅 2～3 个交易日就完成，有时甚至更短，通常情况下会有一根较长的上影线触顶，随后股价开始大幅下跌。如图 5-28 所示为倒 V 形顶的一般形态。

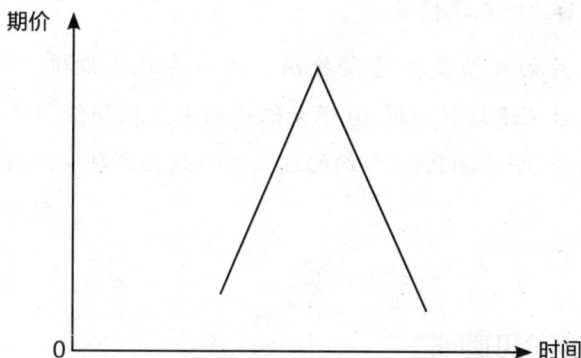

图 5-28　倒 V 形顶形态

示例讲解

V 形底形成期价触底回升

如图 5-29 所示为菜粕 2205^M 合约 2021 年 8 月至 2022 年 2 月的 K 线走势。

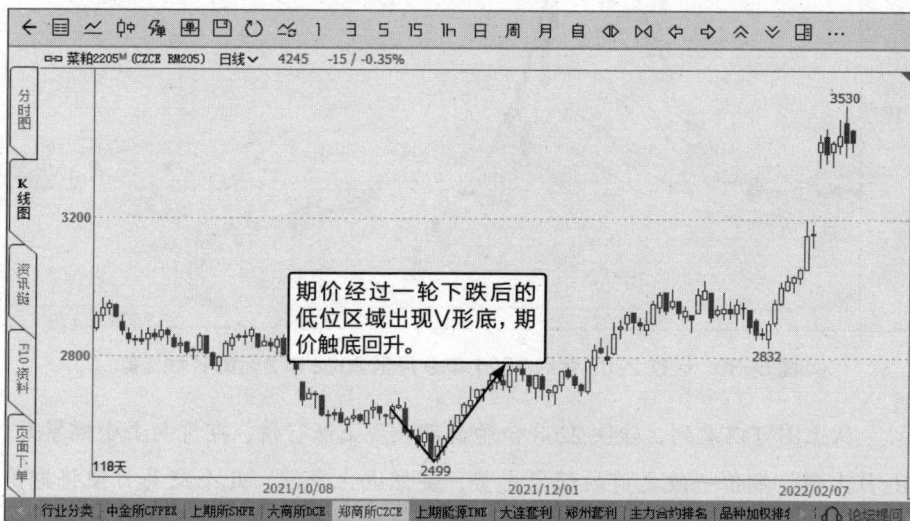

图 5-29　菜粕 2205^M 合约 2021 年 8 月至 2022 年 2 月的 K 线走势

从图中可以看到，菜粕 2205^M 合约前期处于下跌趋势之中，经过一轮大幅下跌之后期价下跌至低位区域，跌势减缓。2021 年 10 月上旬，期价跌至 2 600.00 元附近后止跌表现横盘。

2021 年 11 月初 K 线突然连续收阴，进一步拉低期价，将期价拉低至 2 499.00 元，随后又连续收出近 10 根大阳线向上急拉期价，这一跌一拉形成了 V 形底形态，说明菜粕 2205 合约的这一波下跌已经触底，后市即将转入上升趋势之中。

示例讲解

倒 V 形顶出现期价见顶回落

如图 5-30 所示为硅铁 2208 合约 2021 年 9 月至 2022 年 2 月的 K 线走势。

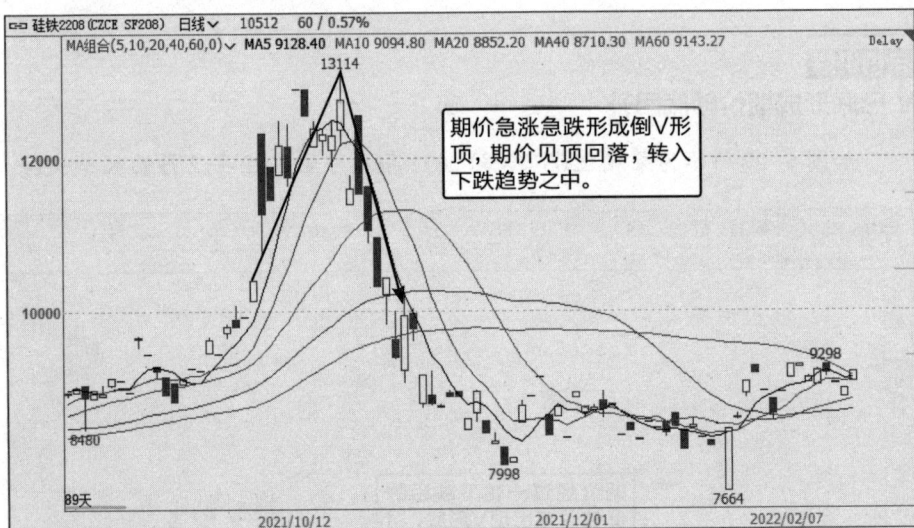

图 5-30　硅铁 2208 合约 2021 年 9 月至 2022 年 2 月的 K 线走势

从上图可以看到，硅铁 2208 合约前期表现上涨行情，期价向上小幅攀升。10 月上旬，期价一改之前的稳定走势，突然向上急涨，几个交易日便将期价拉升至 13 114.00 元的高位。随后，期价连续多日急速下跌，这样的急涨急跌形成了倒 V 形顶形态，说明硅铁 2208 合约的这一轮上涨行情见顶，后市即将转入下跌趋势之中。

5.3.2　W 形底和 M 形顶

W 形和 M 形又称为双重形态，根据形态方向的不同分为 W 形底形态和 M 形顶形态。

W 形底形态又称双重底形态，一般在下跌行情的末期出现，预示行情触底回升。W 形底形态的特征如下。

①形态的低点通常在同一水平线上，期价第一次冲高回落后的顶点称为颈部，当期价放量突破颈线时，行情可能见底回升。

②形态形成之后，期价有可能出现回落的行情，期价最终会在颈部附近止跌企稳，后市看涨，买多投资者可在第二次突破回落止跌后介入。

如图 5-31 所示为 W 形底的一般形态。

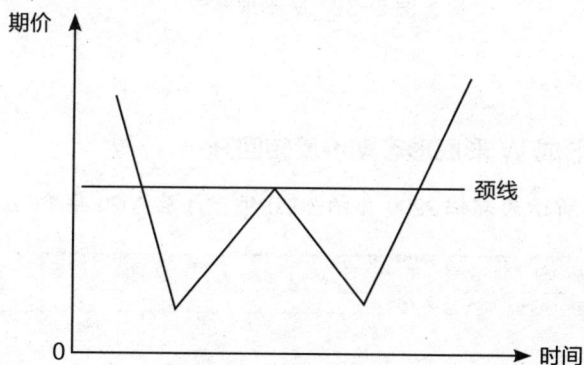

图 5-31　W 形底形态

M 形顶又称双重顶，该形态一般是在上升行情的末期出现，它与双重底形态的作用刚好相反，它是一个后市看跌的见顶反转形态。M 形顶反转形态一般具有如下特征。

①形态的高点并不一定在同一水平，有时第二个顶点比第一个顶点稍高，是高位追涨筹码介入的结果，由于主力借机出货，因此期价上涨力度不大。

②形态的两个顶点就是期价这轮上升行情的最高点，当期价有效跌破

形态颈线（第一次下跌的低点为颈部）时行情发生逆转，买空投资者积极跟进。

如图5-32所示为M形顶的一般形态。

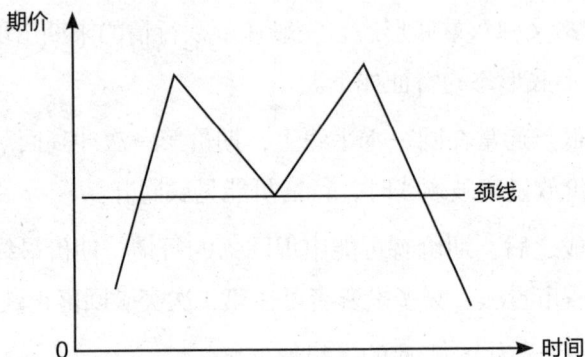

图5-32　M形顶形态

示例讲解
期价下跌底部形成W形底形态期价反转回升

如图5-33所示为郑棉2209合约2020年2月至2020年11月的K线走势。

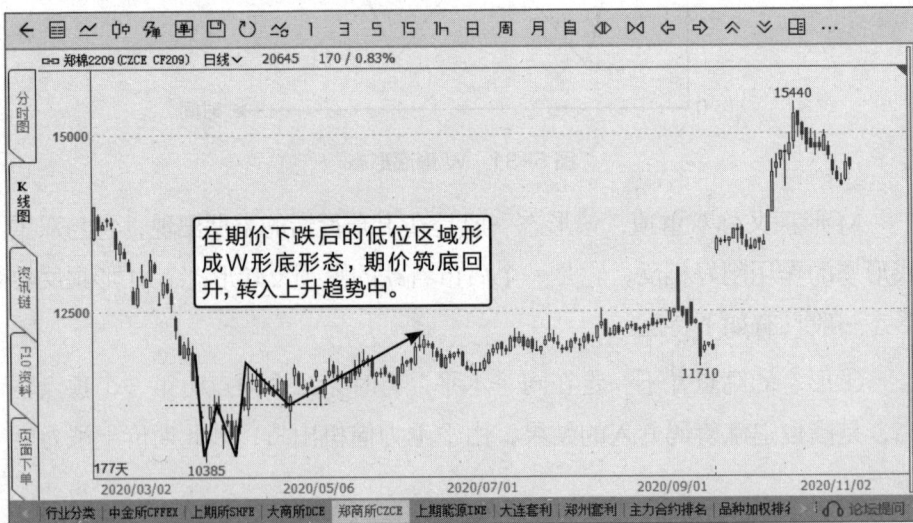

图5-33　郑棉2209合约2020年2月至2020年11月的K线走势

从上图可以看到，郑棉 2209 合约前期表现下跌趋势，期价震荡向下，跌幅较深。2021 年 3 月下旬，郑棉 2209 合约创出 10 385.00 元的新低后止跌回升，但这一波上涨仅维持了几个交易日便止涨再次下跌。随后期价下跌至前一低点附近时再次止跌回升，形成了 W 形底形态，说明期价在此位置筑底，后市即将转入上升趋势之中。

2020 年 4 月上旬，期价上涨至 11 500.00 元附近后再次止涨下跌，回调至 W 形底形态颈线附近时止跌回升，确认了 W 形底的有效性，后市看涨。

示例讲解
M 形顶形成期价止涨回落

如图 5-34 所示为尿素 2302 合约 2021 年 5 月至 2021 年 12 月的 K 线走势。

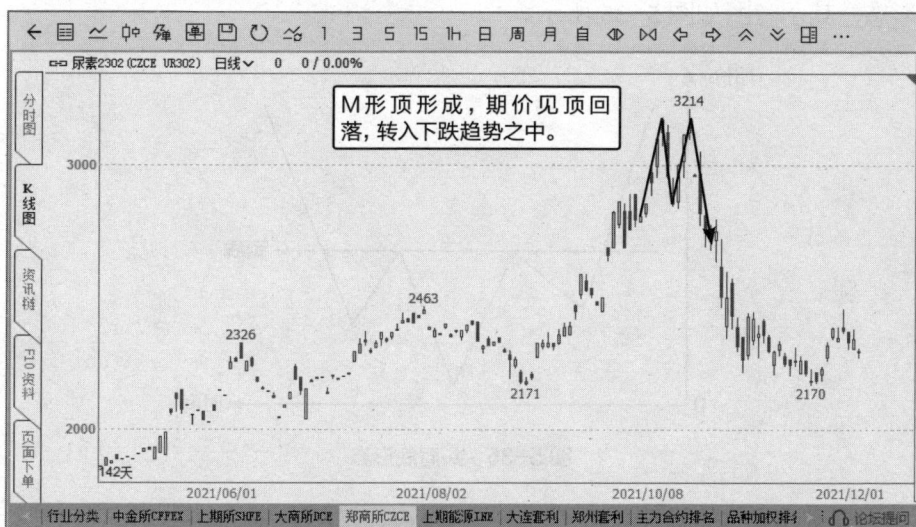

图 5-34　尿素 2302 合约 2021 年 5 月至 2021 年 12 月的 K 线走势

从上图可以看到，尿素 2302 合约前期表现上升行情，期价震荡向上，涨势稳定。2021 年 10 月中旬，尿素 2302 合约上涨至 3 200.00 元附近后止涨下跌，但仅仅两个交易日后期价再次上冲，上涨至 3 200.00 元附近，创下 3 214.00 元新高后便止涨回落。

两次冲高回落形成了两个高点，且两个高点大致在同一水平位置上，形成了典型的双重顶形态，说明尿素 2302 合约的这一轮上涨见顶，后市即将转入到下跌趋势之中。

5.3.3　头肩底和头肩顶

头肩底和头肩顶也是一组比较典型的反转形态，投资者一旦在市场中发现头肩底和头肩顶的身影就要注意，市场可能即将反转。

期价在下跌到低位后反弹形成左肩，随后反弹受阻回落创新低后再次反弹形成头部，当期价上涨到上次反弹高位附近时受阻回落并在第一次期价下跌低位附近止跌企稳，后市期价上涨突破阻力线（颈线）形成头肩底形态，其示意图如图 5-35 所示。

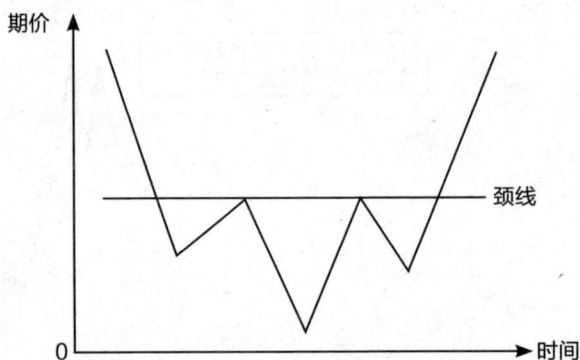

图 5-35　头肩底形态

头肩底具有的特征如下所示。

①头肩底形态中左右两肩的低点大致相等，头部低点最低。

②就成交量而言，左肩最少，头部次之，右肩最多。期价突破颈线不一定需要大成交量配合，但是日后继续上涨时成交量会放大。

而头肩顶形态则是较为可靠的卖出信号，通过 3 次连续的涨跌构成该形态的 3 个部分，也就是有 3 个高点，中间的高点比另外两个高点要高，称为"头部"，左右两个相对较低的高点称为"肩部"。通常左右两肩的高点在同一水平位置上。如图 5-36 所示为头肩顶形态。

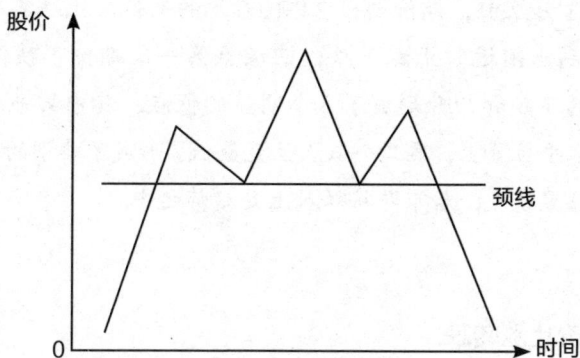

图 5-36　头肩顶形态

示例讲解

头肩底形态形成期价转入上升趋势

如图 5-37 所示为豆粕 2205^M 合约 2021 年 8 月至 2022 年 3 月的 K 线走势。

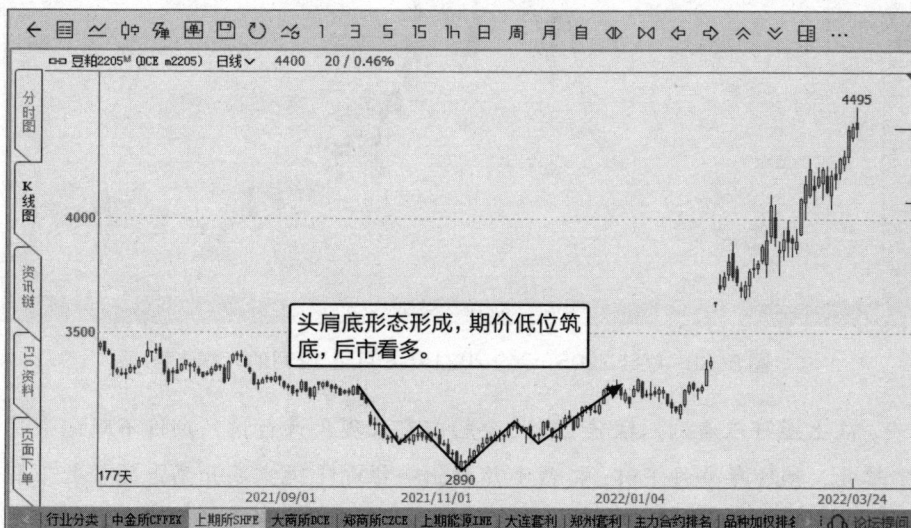

图 5-37　豆粕 2205^M 合约 2021 年 8 月至 2022 年 3 月的 K 线走势

从上图可以看到，豆粕 2205^M 合约前期表现下跌趋势，期价不断下移。2021 年 10 月中旬，期价运行至 3 000.00 元位置时止跌并小幅回升，但很快又再次下跌。11 月上旬，期价创出 2 890.00 元的新低后止跌再次回升，上涨至上一个反弹高点附近时止涨下跌，回调至第一次期价下跌低位附近止跌企稳。这 3 次的下跌和回升形成了 3 个明显的低点，其中第一个和第三个低点大致在同一水平位置上，第二个低点位置最低，形成了典型的头肩底形态，说明期价在此位置筑底，后市即将转入上升趋势之中。

示例讲解
头肩顶形成期价止涨转跌

如图 5-38 所示为锰硅 2205^M 合约 2021 年 8 月至 12 月的 K 线走势。

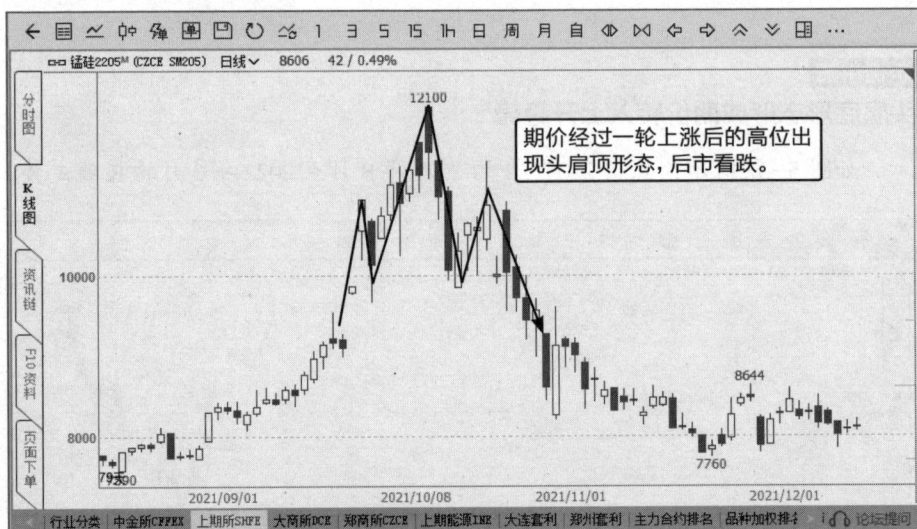

图 5-38　锰硅 2205^M 合约 2021 年 8 月至 12 月的 K 线走势

从上图可以看到，锰硅 2205^M 合约前期表现上升行情，期价不断向上稳定攀升。2021 年 9 月下旬，K 线突然收出一根向上跳空高开高走的带长下影线的大阳线，将期价拉升至 10 900.00 元附近，但随后便止涨回调，期价回落至 10 000.00 元附近。

而这一波下跌并没有持续太长时间，很快期价再次向上攀升，并创出了 12 100.00 元的新高，然后便再次止涨下跌，期价跌至前一低点附近时止跌上冲，但这一次上冲的动力不足，在第一个高点附近便止涨回落。3 次的冲高回落形成了 3 个明显的高点，且左右两个高点大致在同一水平位置上，中间的第二个高点最高，由此形成了典型的头肩顶形态。期价经过一轮上涨后的高位区域出现头肩顶形态，说明价格在此位置触顶，后市看空。

5.3.4 三重底与三重顶

三重形态实际上属于头肩形态的变形，它同样由 3 个高点或者低点形成，但区别在于 3 个高点或者是低点基本上在同一水平位置或是接近同一水平位置上。

三重底形态是指期价跌至低位后多空达到平衡，致使期价在一个极其狭窄的区间范围内波动，在 K 线上表现为前后经过 3 次探底，然后向上突破颈线，转入上升趋势之中。3 次探底形成了 3 个明显的底部低点，且低点大致处于同一水平位置上，就是三重底形态。如图 5-39 所示为三重底形态示意图。

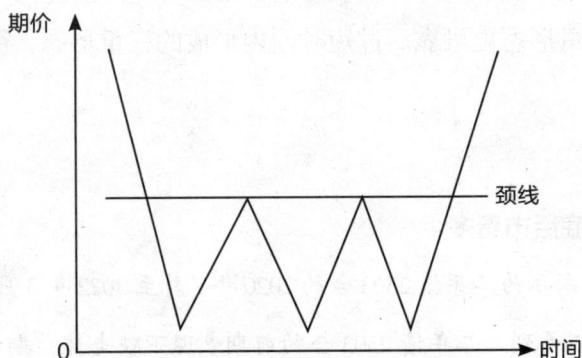

图 5-39 三重底形态

三重顶与三重底相反，它是指在期价上涨高位形成顶部的过程。期价上涨至高位区域后，多空形成平衡，使期价在一个极其狭窄的区间范围内波动。在 K 线上表现为前后出现 3 次冲高，形成 3 个高点，随后向下回落，跌破颈线，转入下跌趋势之中。3 次冲高形成了 3 个明显的顶部高点，且高点大致处于同一水平线上，就是三重顶形态。如图 5-40 所示为三重顶形态示意图。

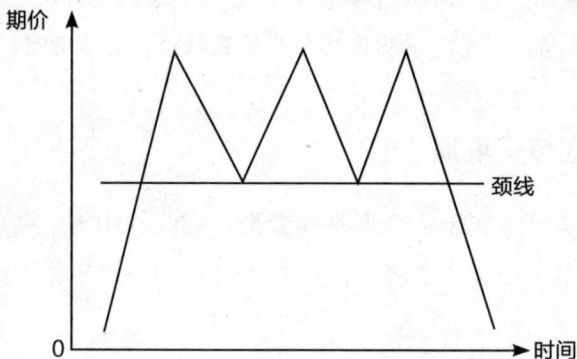

图 5-40　三重顶形态

　　需要注意的是，我们介绍的是标准情况下的三重形态，在实战中，三重底（顶）的谷底与谷底（顶峰与顶峰）的间隔距离与时间不必相等，同时三重底（顶）的底部（顶部）也不一定要在相同的价格形成，即颈线也不一定必须是水平的。此外，三重形态的形成时间一般在两个月以上，且时间越长，三重形态更可靠。过短时间内形成的三重形态，很容易变成其他形态。

示例讲解
三重底形态筑底后市看多

　　如图 5-41 所示为二年债 2303 合约 2020 年 7 月至 2022 年 3 月的 K 线走势。

　　从下图可以看到，二年债 2303 合约前期表现下跌走势，期价震荡下行，跌幅较大。2020 年 9 月初，期价跌至 99.85 元价位线附近后止跌，向上反弹，回升至 100.30 元附近后遇阻，再次拐头向下。

　　此次期价下跌至前一低点 99.85 元附近后再次止跌，向上反弹，回升至前一高点 100.30 元附近后再次遇阻，拐头向下。期价第三次跌至 99.80 元附近后又一次止跌回升。

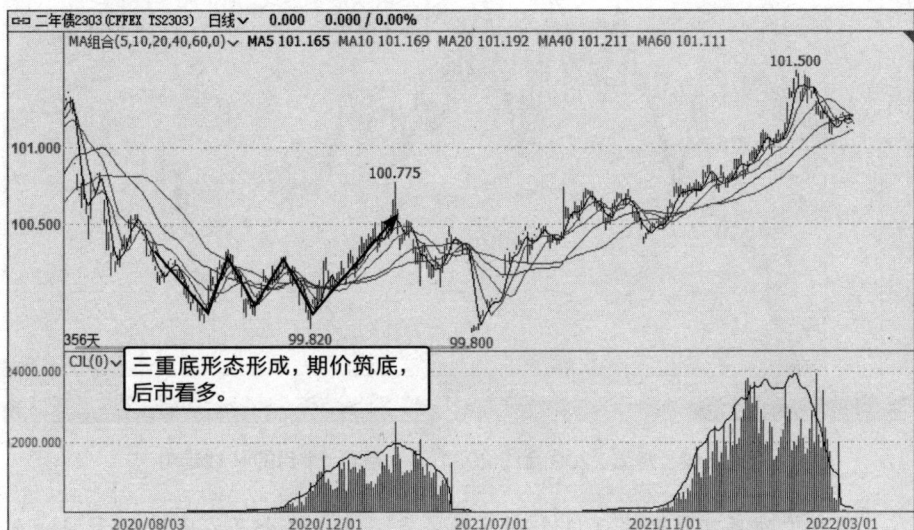

图 5-41　二年债 2303 合约 2020 年 7 月至 2022 年 3 月的 K 线走势

这 3 次下跌反弹回升形成了 3 个明显的低点，并且这 3 个低点大致处于同一水平位置上。由此可见，这 3 次的下跌反弹形成了典型的三重底形态，说明期价在此位置筑底，后市极有可能转入上升趋势之中，看多投资者可以积极跟进。

示例讲解

三重顶形态形成后市看空

如图 5-42 所示为鸡蛋 2209 合约 2021 年 1 月至 11 月的 K 线走势。

从下图可以看到，鸡蛋 2209 合约前期表现上涨行情，期价震荡向上稳定攀升，涨幅巨大。2021 年 2 月下旬，鸡蛋 2209 合约上冲至 5 100.00 元附近后止涨回落。但此次下跌持续时间并不长，很快期价再次上冲，创下 5 110.00 元的新高后再次止涨回落。但很快期价展开了第三次冲高，期价再次上涨至 5 100.00 元附近遇阻下跌。

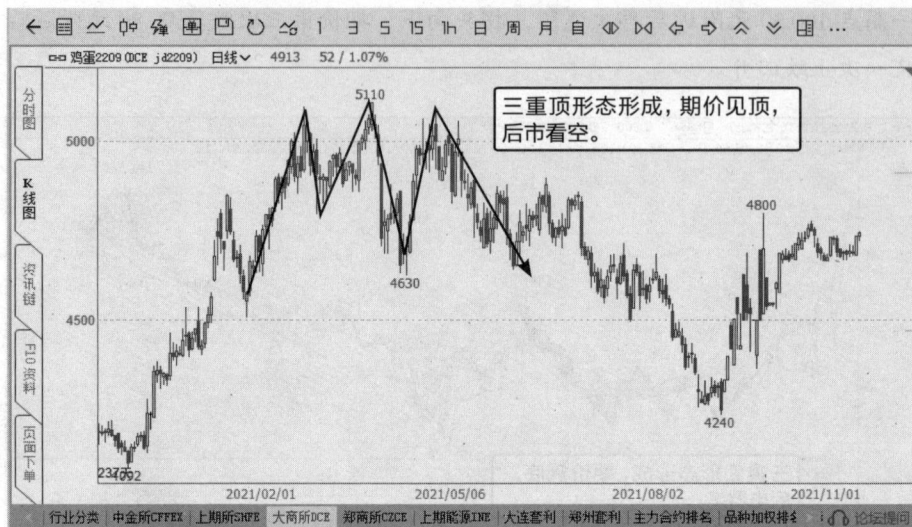

图 5-42　鸡蛋 2209 合约 2021 年 1 月至 11 月的 K 线走势

　　这 3 次冲高回落形成了 3 个明显的高点，且这 3 个高点大致处于同一水平位置上，K 线形成了典型的三重顶形态。三重顶形态出现在经过一轮大幅上涨后的高位区域，说明期价见顶，后市即将转入下跌趋势之中，后市看空。

第 6 章

借助技术指标精准把握市场变化

技术指标一直以来都是盘面分析利器，也是重要的投资分析手段，投资者借助技术指标往往能够更精准地把握市场的波动变化情况，以便找到最佳的投资时机，赚取可观的投资回报。

- 从成交量与期货价格的关系找机会
- 重要的趋势指标移动平均线
- 技术指标之王MACD
- 敏感的随机指标KDJ

6.1 从成交量与期货价格的关系找机会

成交量就是期货交易量，是某一期货合约在当日成交合约的双边累计数量，以"手"为单位。成交量与价格关系密切，可以推动期货价格波动，成交量越大，价格波动越大；成交量越小，价格波动就越小。所以，我们可以通过成交量与期货价格之间的关系找寻市场中的投资机会。

6.1.1 量增价涨

量增价涨是一种比较常见的期货价格与成交量的关系形态，即成交量在上涨的同时，期价也持续上涨。这是一种多头强势进攻的模式，说明做多者情绪高涨，后市继续上涨的可能性较大。如图 6-1 所示为量增价涨示意图。

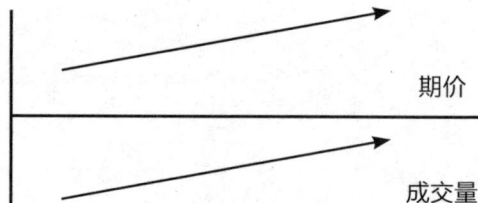

图 6-1　量增价涨示意图

需要注意的是，量增价涨可能出现在市场的多个位置，且不同的位置具有不同的市场意义。

①上涨初期出现量增价涨，说明资金在源源不断地进场，投资者可大胆买入做多，重仓介入。

②如果在期价上涨的途中出现量增价涨，只要不是过度放量，而且期价在 5 日均线上，投资者就可谨慎做多，但要尽量避免一次性重仓介入。

③如果量价齐涨出现在连续上涨一段时间之后，且成交量变化不大，仍可谨慎持有。但如果成交量突然放大，就算是量增价涨也要减仓出局，随时避免主力大规模出货。

纸浆 2205^M 合约上涨初期出现量增价涨

如图 6-2 所示为纸浆 2205^M 合约 2021 年 9 月至 2022 年 3 月的 K 线走势。

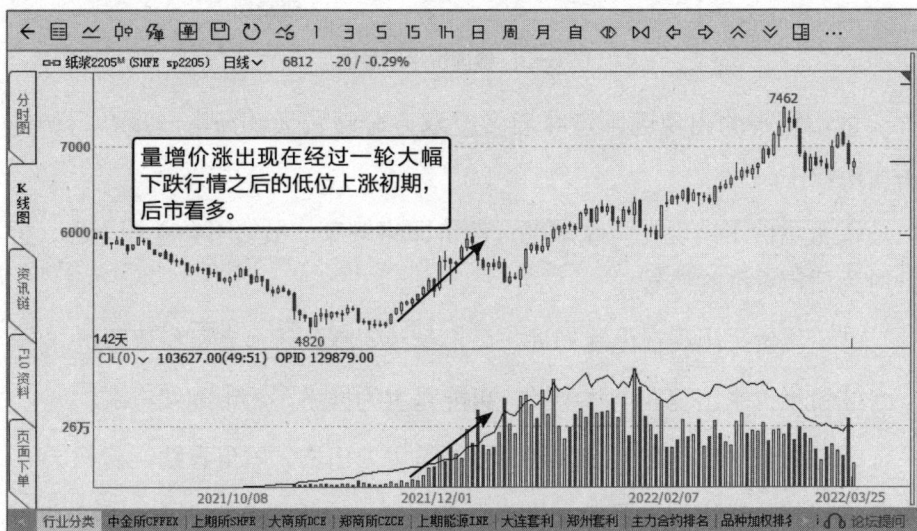

图 6-2　纸浆 2205^M 合约 2021 年 9 月至 2022 年 3 月的 K 线走势

从上图可以看到，纸浆 2205^M 合约前期处于下跌趋势之中，期价不断向下滑落。2021 年 10 月下旬，纸浆 2205^M 合约跌势减缓，在创下 4 820.00 元的新低后止跌，并出现小幅上移。

此时查看下方的成交量发现，在期价小幅向上的同时，成交量也配合放大，呈现出量增价涨的配合现象。量增价涨出现在期价经过一轮大幅下跌后的低位上涨初期，说明后市即将迎来一波上涨，看多者可积极跟进。

6.1.2　量增价平

量增价平指的是在成交量放大的情况下，期价却维持在一定的价位水平上下波动。如图 6-3 所示为量增价平示意图。

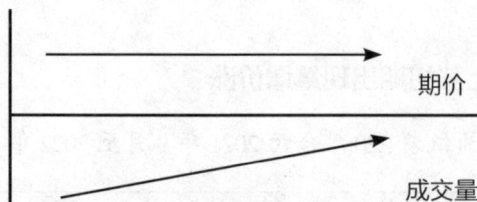

图 6-3　量增价平示意图

量增价平的出现通常意味着多空双方分歧较大，经常出现在行情的各个阶段中。

①量增价平出现在下跌末期，期价即将触底，虽然不会立即上涨，但此时为后市看涨的信号。

②量增价平出现在上涨初期，后市继续看涨，看多者可积极跟进。

③量增价平出现在上涨中期，可能是主力换手，后市继续看涨。

④量增价平出现在上涨末期，可能是主力出货，后市看跌。

⑤量增价平出现在下跌初期，可能只是一个下跌整理形态，后市继续看空。

⑥量增价平出现在下跌途中，后市继续看空，看空者可跟进。

示例讲解

纸浆 2211 合约下跌途中出现量增价平

如图 6-4 所示为纸浆 2211 合约 2021 年 3 月至 12 月的 K 线走势。

从下图可以看到，纸浆 2211 合约处于下跌趋势之中，期价震荡向下运行。2021 年 6 月，期价跌至 5 536.00 元后止跌，小幅回升，随后期价维持在 6 000.00 元价位线上横盘波动运行。

此时查看下方的成交量发现，在期价横盘波动的过程中，下方成交量却逐渐放大，形成了量增价平的量价关系。

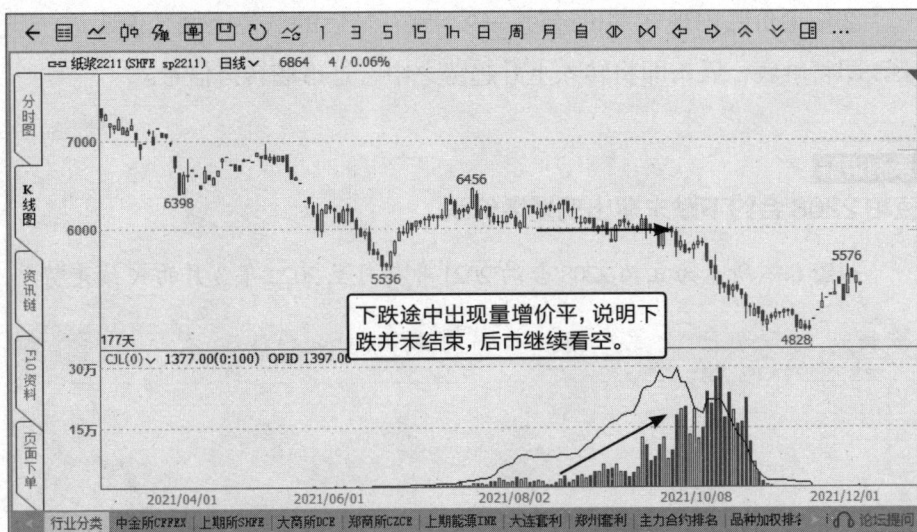

图 6-4 纸浆 2211 合约 2021 年 3 月至 12 月的 K 线走势

量增价平出现在期价下跌的途中，说明这一波下跌并未结束，只是下跌途中的一个整理，后市继续看跌。

6.1.3 量增价跌

量增价跌是一种比较典型的量价背离现象，是指期价在不断下跌的过程中，下方的成交量却逐渐放量的情况，如图 6-5 所示为量增价跌示意图。

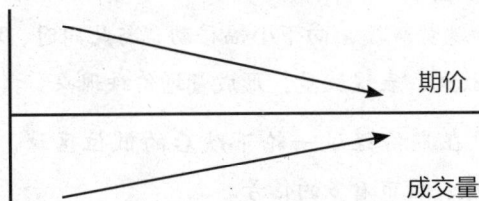

图 6-5 量增价跌示意图

量增价跌出现在不同的位置也具有不同的市场意义。

①量增价跌出现在期价经过一轮上涨行情的高位区域，说明期价已经见顶，上涨行情即将结束，后市转跌，是市场即将转势的信号。

②量增价跌出现在期价经过一轮下跌行情后的低位区域，说明这一波下跌即将触底，后市即将转入上升趋势之中，是市场转势信号。

示例讲解

豆粕 2208 合约下跌末期出现量增价跌

如图 6-6 所示为豆粕 2208 合约 2021 年 7 月至 2022 年 3 月的 K 线走势。

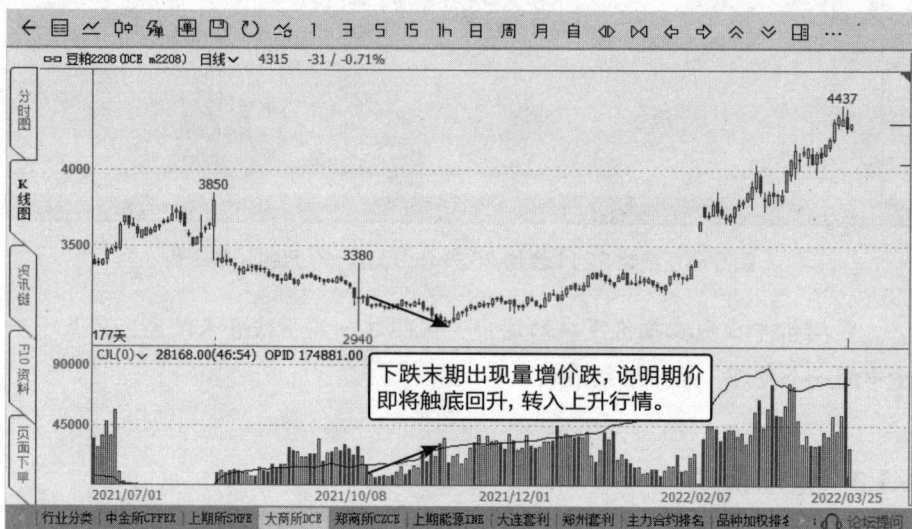

图 6-6 豆粕 2208 合约 2021 年 7 月至 2022 年 3 月的 K 线走势

从上图可以看到，豆粕 2208 合约前期表现下跌行情，重心不断下移。2021 年 10 月，期价跌势减缓，向下小幅移动。与此同时，观察下方的成交量发现，成交量逐渐放大，表现放量，形成量增价跌现象。

量增价跌出现在期价经过一轮下跌后的低位区域，是期价下跌趋势结束，期价即将触底、后市看多的信号。

6.1.4 量平价涨

量平价涨指的是期价不断向上，但成交量维持在同一水平位置上下波动，保持稳定的一种状态，如图 6-7 所示为量平价涨示意图。

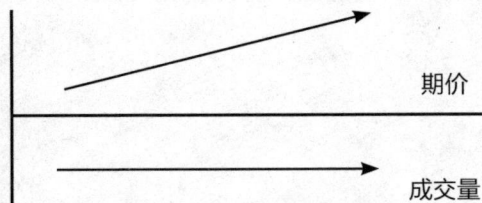

图 6-7　量平价涨示意图

量平价涨出现在不同位置具有不同的市场意义。

①量平价涨出现在上涨初期，说明此时期价触底反弹回升，涨势基本形成，但量能还没有得到有效放大，后市看涨。

②量平价涨出现在上涨途中，说明上升的趋势没有变化，后市继续上涨的可能性较大。

③量平价涨出现在上涨末期，说明没有更多的看多者入场，期价继续上涨存在困难，后市可能转跌。

④量平价涨出现在下跌初期，此时期价已经见顶，跌势已经初成，价涨量平只是暂时的反弹，并不会扭转下跌的趋势，后市继续看跌。

⑤量平价涨出现在下跌途中，说明多头反击力度不强，市场做多意愿不强，后市继续看跌。

⑥量平价涨出现在下跌末期，说明空头势能转弱，趋近衰竭，市场有反转迹象，后市看涨。

示例讲解

铁矿 2209^M 合约上涨初期出现量平价涨

如图 6-8 所示为铁矿 2209^M 合约 2021 年 7 月至 2022 年 3 月的 K 线走势。

从下图可以看到，铁矿 2209^M 合约前期表现下跌行情，期价震荡向下，跌幅较深。2021 年 11 月中旬，期价创出 511.50 元的新低后止跌，并且开始向上小幅攀升。

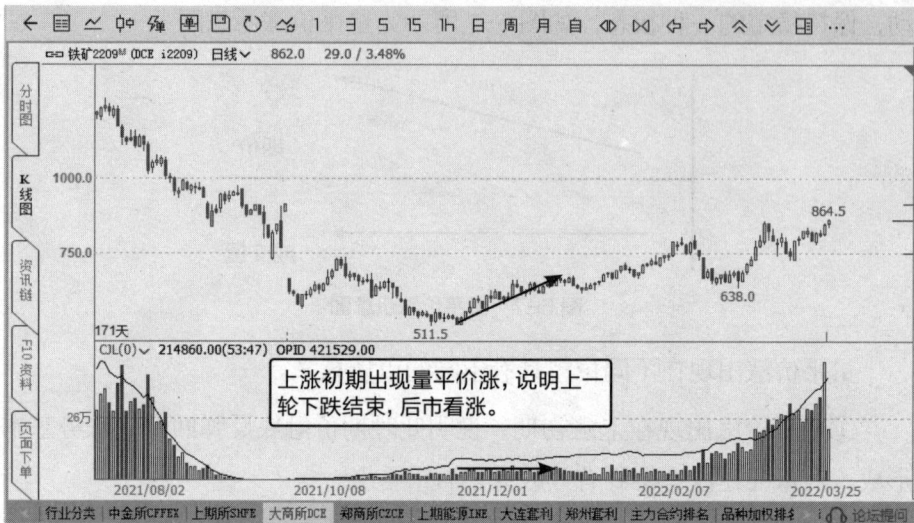

图 6-8　铁矿 2209^M 合约 2021 年 7 月至 2022 年 3 月的 K 线走势

此时观察下方的成交量发现，在期价向上攀升的过程中，成交量没有配合放大，而是维持在同一水平位置上下波动，期价与成交量形成了量平价涨的量价关系。量平价涨出现在期价展开一轮新行情的上涨初期，说明前一轮下跌基本结束，即将转入新一轮上涨行情中，后市看涨。

6.1.5　量平价平

量平价平是一种比较常见的量价关系，指期价在某一段时间内一直维持在某一水平位置上下波动，而成交量也基本维持在同一水平位置。它是指多空双方暂时达到了某种平衡，如图 6-9 所示为量平价平示意图。

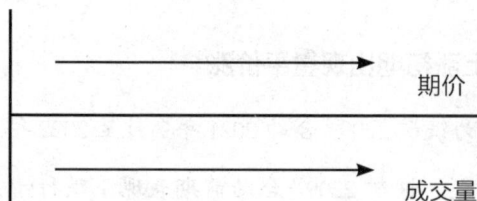

图 6-9　量平价平示意图

量平价平出现在不同位置代表的市场意义不同。

①量平价平出现在上涨初期，说明多空双方暂时形成了平衡，但后市发展方向不明，此时投资以观望为主。

②量平价平出现在上涨途中，说明市场中大部分投资者以观望为主，后市可能出现回调。

③量平价平出现在上涨末期，说明期价相对滞涨，市场随时可能出现反转。

④量平价平出现在下跌途中，如果均线系统仍然呈现空头排列，说明期价并未止跌，还有下跌空间。

⑤量平价平出现在下跌末期，如果量能极度萎缩，说明距离底部不远，即将迎来反转。

示例讲解
豆粕 2205^M 合约上涨初期出现量平价平

如图 6-10 所示为豆粕 2205^M 合约 2021 年 7 月至 2022 年 3 月的 K 线走势。

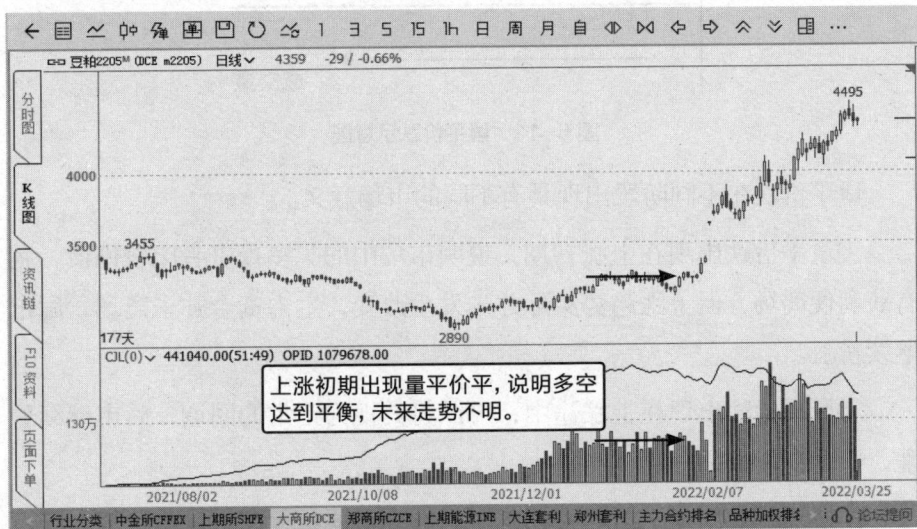

图 6-10　豆粕 2205^M 合约 2021 年 7 月至 2022 年 3 月的 K 线走势

从上图可以看到，前期豆粕 2205^M 合约处于下跌趋势之中，期价震荡下行，下跌幅度较大。2021 年 11 月上旬，期价创出 2 890.00 元的新低后止跌回升。

但上升仅维持一个月左右，在 2021 年 12 月下旬，期价上涨至 3 200.00 元附近后滞涨横盘运行。此时观察下方的成交量发现，成交量也基本维持在同一水平位置上波动，表现出量平价平的量价关系。

量平价平出现在期价经过一轮下跌行情后的上涨初期，说明市场中的投资者还比较谨慎，多空形成平衡，后市发展方向不明。此时，投资者应该以观望为主。2022 年 1 月下旬，期价上行直冲 3 400.00 元，打破平衡，下方成交量配合放量，说明市场多头占据，后市看涨，这时看多投资者可以跟进。

6.1.6　量平价跌

量平价跌指成交量基本保持在同一水平位置波动，而期价却表现为下行的一种量价关系，如图 6-11 所示为量平价跌示意图。

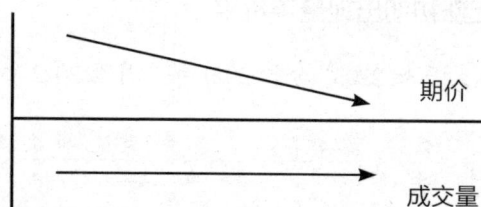

图 6-11　量平价跌示意图

量平价跌在不同阶段出现具有不同的市场意义。

①量平价跌出现在上涨初期，说明市场中的买多投资者比较谨慎，稍有获利便离场，但上涨趋势实际并未发生改变，主力资金并未离场，后市继续看涨。

②量平价跌出现在上涨途中，可以将其视为正常的回调，后市继续看涨，看多者积极跟进。

③量平价跌出现在上涨末期，主力有出货迹象，期价可能见顶，后市看跌。

④量平价跌出现在下跌途中，跌势继续，后市继续看跌。

⑤量平价跌出现在下跌末期，此时成交量极度萎缩，说明期价即将见底，底部形成，后市即将反转。

示例讲解
沪金2308合约下跌途中出现量平价跌

如图 6-12 所示为沪金 2308 合约 2020 年 7 月至 2021 年 4 月的 K 线走势。

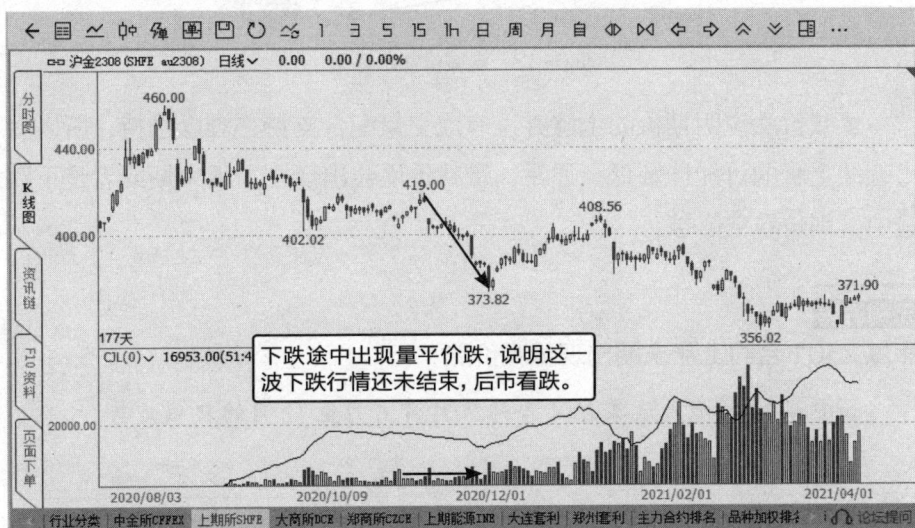

图6-12 沪金2308合约2020年7月至2021年4月的K线走势

从上图可以看到，沪金2308合约从460.00元的高位开始向下滑落，重心不断下移。2020年9月下旬，期价下跌至400.00元价位线附近，创下402.02元的低价后止跌小幅反弹，最高上涨至419.00元后止涨继续下行。此时查看下方的成交量发现，成交量几乎保持在同一水平位置上下波动，形成量平价跌的关系。

量平价跌出现在下跌途中，说明期价的这一轮下跌还未结束，还有下跌空间，后市继续看跌。

6.1.7　量减价涨

量减价涨是一种少见的量价关系，是指成交量不断缩减，但期价却逐渐上升的一种背离关系，如图 6-13 所示为量减价涨示意图。

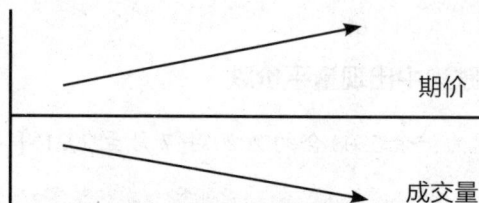

图 6-13　量减价涨示意图

量减价涨说明期价的上涨并没有成交量配合支持，难以维持，所以后市继续上涨的可能性较低。通常，量减价涨会出现在上涨末期或者是下跌途中，都是看空信号。

示例讲解
焦煤 2301 合约上涨末期出现量减价涨

如图 6-14 所示为焦煤 2301 合约 2021 年 6 月至 12 月的 K 线走势。

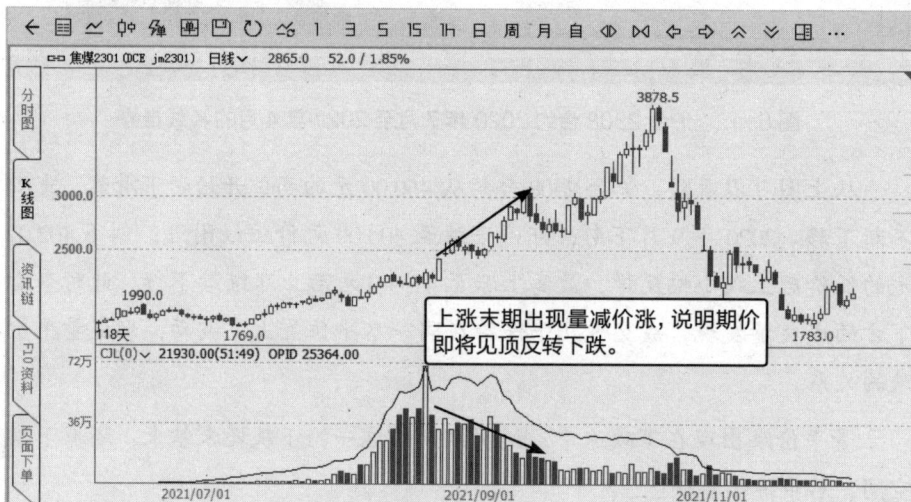

图 6-14　焦煤 2301 合约 2021 年 6 月至 12 月的 K 线走势

从上图可以看到，焦煤 2301 合约前期处于上升行情之中，期价不断上涨，重心不断上移。2021 年 8 月下旬，期价继续上移，涨幅巨大，但下方的成交量却逐渐减小，出现缩量现象，量价关系形成量减价涨。

量减价涨出现在期价经过一轮大幅上涨的高位区域，是期价即将见顶下跌的信号，后市看空。

6.1.8 量减价平

量减价平指期价维持在某一位置水平横行，而成交量却逐渐减少的量价关系，如图 6-15 所示为量减价平示意图。

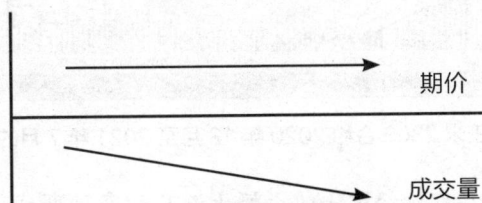

图 6-15 量减价平示意图

量减价平通常出现在期价大幅上涨后的高位区域，期价止涨开始在高位横盘整理，而下方成交量表现缩量。这是期价见顶下跌的转势信号，后市即将转入下跌趋势之中。

示例讲解
玉米 2303 合约上涨末期出现量减价平

如图 6-16 所示为玉米 2303 合约 2020 年 12 月至 2021 年 7 月的 K 线走势。

从下图可以看到，玉米 2303 合约前期表现上涨行情，期价不断上涨。2021 年 1 月 11 日，期价上涨创出 2 916.00 元的高价后止涨下跌，回调至 2 700.00 元附近后止跌上升。但此次上涨的动力不足，期价上涨至 2 800.00 元附近后便止涨横盘运行。

与此同时，查看下方的成交量发现，在期价横盘波动运行的过程中，成交量逐渐缩小，形成量减价平的量价关系。

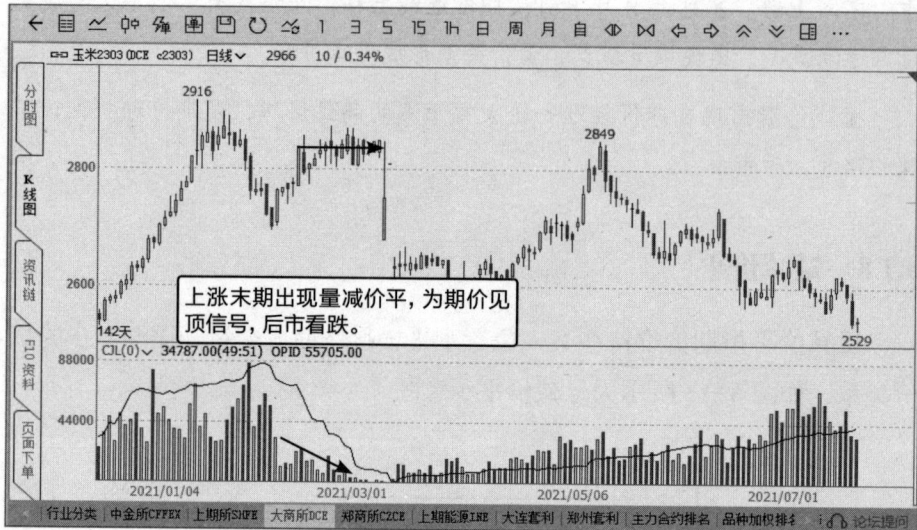

图 6-16　玉米 2303 合约 2020 年 12 月至 2021 年 7 月的 K 线走势

量减价平出现在期价经过一轮大幅上涨后的高位区域，这是期价见顶信号，说明期价的这一轮上涨即将结束，后市即将转入下跌趋势之中。

6.1.9　量减价跌

量减价跌是一种常态的量价关系，表示期价不断下跌，成交量也配合逐渐缩量，如图 6-17 所示为量减价跌示意图。

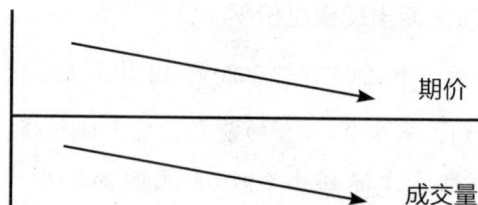

图 6-17　量减价跌示意图

量减价跌既可以出现在上升趋势之中，也可以出现在下跌趋势之中。如果出现在上升趋势之中，可能是期价回调，整体趋势并未发生改变，后市继续上涨的可能性较大。但如果量减价跌出现在下跌趋势之中，便是强烈的看空信号，后市继续下跌。

示例讲解
红枣 2207 合约下跌初期出现量减价跌

如图 6-18 所示为红枣 2207 合约 2021 年 8 月至 2022 年 3 月的 K 线走势。

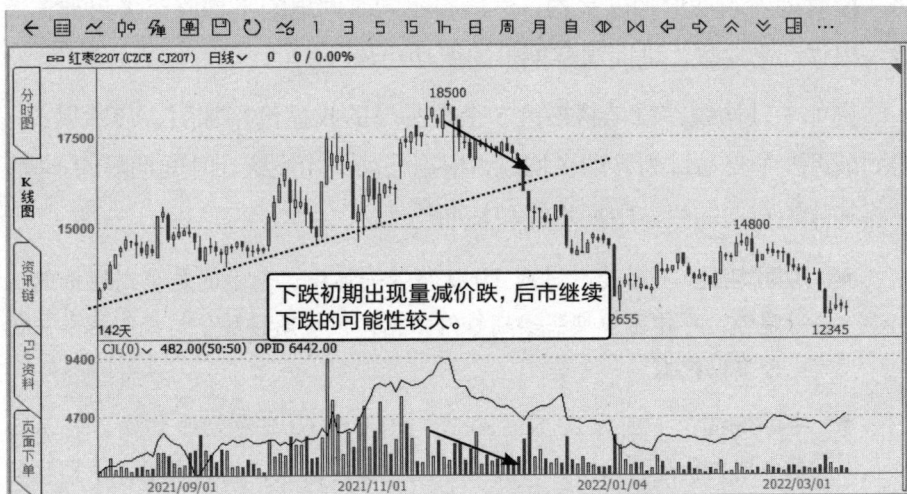

图 6-18　红枣 2207 合约 2021 年 8 月至 2022 年 3 月的 K 线走势

从上图可以看到，红枣 2207 合约前期在上升趋势线的支撑下向上攀升，上涨幅度较大，最高上涨至 18 500.00 元。随后止涨下跌，并跌破上升趋势线，转入下跌趋势之中。此时观察下方的成交量发现，在期价止涨下跌的过程中，成交量逐渐减少，表现出量减价跌的量价关系。在期价下跌初期出现量减价跌，说明期价已经转入下跌趋势之中，后市继续下跌的可能性较大，期价即将迎来一波下跌行情。

6.2　重要的趋势指标移动平均线

在技术分析中，移动平均线一直都是一个重要的技术指标，通过移动平均线可以了解期价当前的运行趋势，并预测其短期、中期和长期的变动方向，为投资者提供更多的投资决策依据。

6.2.1　走进移动平均线 MA

移动平均线（Moving Average），简称 MA，它是利用统计的方式，将一段时期内的期价加以平均，然后将不同时间里的平均值连接起来，形成一根移动平均线，进而观察期价的变动趋势。

例如 5 日均线，就是将最近 5 个交易日的收盘价相加后，再除以 5，得到最近 5 个交易日的移动平均线。根据移动平均线统计时间期限的不同，又将其分为短期均线、中期均线和长期均线。

- ◆ **短期均线**：一般为 5 日或 10 日移动平均线，表示的是短期期价的运行趋势，可作为短期买卖期货的依据，但短期移动平均线的信号往往比较难以把握。
- ◆ **中期均线**：一般为 20 日、30 日、40 日和 60 日移动平均线，表示的是中期期价运行趋势，可作为中期投资的依据，相对来说，中期移动平均线使用率最高，特别是以 30 日为佳。
- ◆ **长期均线**：一般为 120 日、150 日、200 日和 250 日移动平均线，表示的是长期期价趋势，是适合超长期期货投资者使用的移动平均线。

拓展贴士 *移动平均线的期限问题*

需要注意的一点是，移动平均线中的短期、中期和长期都是相对而言的，不是绝对，根据投资者的使用方法不同，均线的短、中、长期概念也可能发生变化。例如，中期投资者使用均线时，选择 5 日均线、20 日均线和 60 日均线，那么此时的 60 日均线就不再是中期均线，而是长期均线。

学习移动平均线，可以从移动平均线具有的基本特性入手，具体如下所示。

◆　追踪趋势性

期货技术投资的重点在于对趋势的把握，而移动平均线是对短期期价、中期期价和长期期价的方向描述，能够有效帮助投资者追踪趋势。如果投资者可以从期价 K 线图中找到上升或下降趋势线，可以发现，移动平均线的运行方向与趋势线方向保持一致，如图 6-19 所示。这是移动平均线追踪趋势线的结果，所以投资者可以根据移动平均线判断并预测趋势的运行方向。

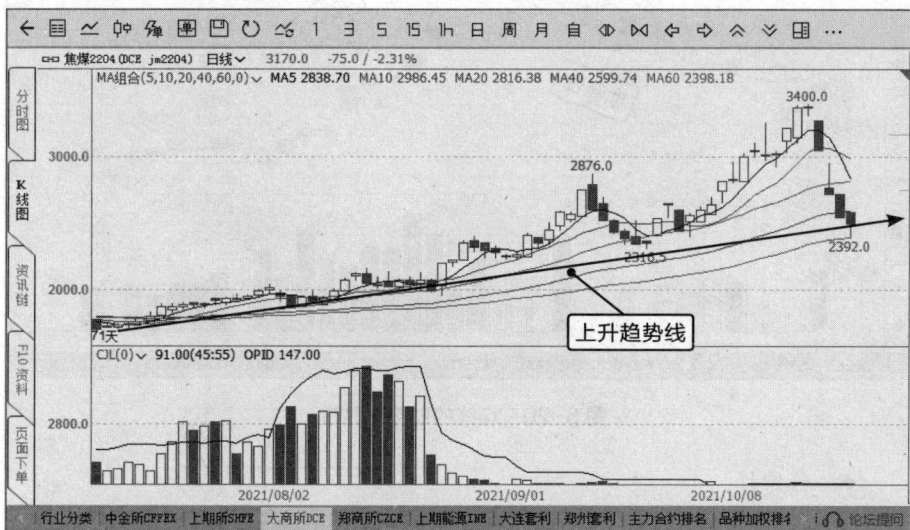

图 6-19　趋势线与移动平均线运行方向一致

◆　滞后性

期价原有趋势发生转变时，由于移动平均线追踪趋势的特性，使得移动平均线的转变具有滞后性，其掉头速度落后于趋势。往往等移动平均线发出趋势转变信号时，期价掉头的深度已经很深了。

鉴于此，我们在判断时要综合使用不同期限的移动平均线，做到短长结合，利用中长期均线判断中长期趋势，而借助短期均线灵敏性的特点，抓住市场中的买卖点。

◆ 助涨助跌性

在上升趋势中，期价运行于均线之上，此时均线对期价起到支撑作用，即助涨性；在下跌趋势中，期价运行于均线下方，此时均线对期价起到压制作用，即助跌性，如图 6-20 所示。

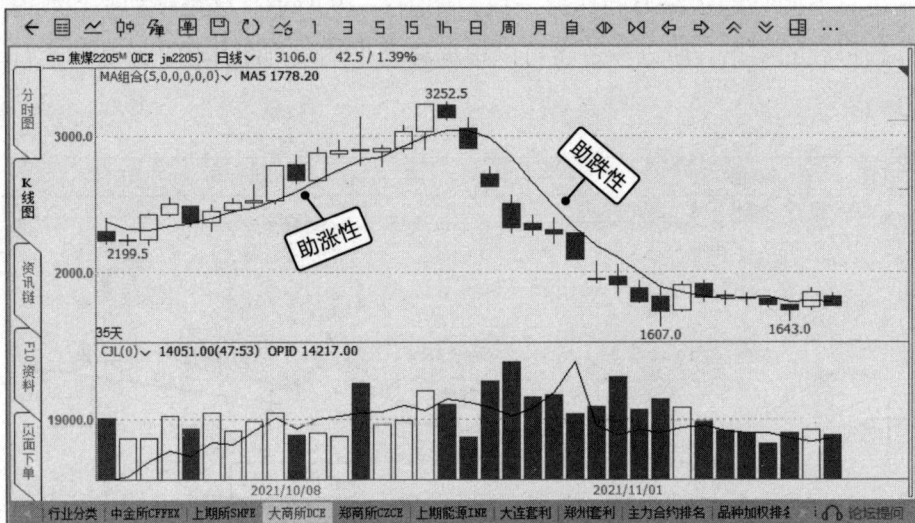

图 6-20　均线的助涨助跌性

◆ 稳定性

移动平均线具有稳定性，不会像 K 线一样起落震荡，且均线周期越长，其表现出的稳定性就越强。均线稳定性表现为：短期均线 < 中期均线 < 长期均线。

6.2.2　均线的多头排列与空头排列

多头排列与空头排列是均线两种完全不同的排列方式，代表了两种截然不同的市场行情。多头排列是指期价在均线上方运行，且短期均线、中期均线、长期均线呈自上而下的顺序依次排列，如图 6-21 所示为多头排列示意图。

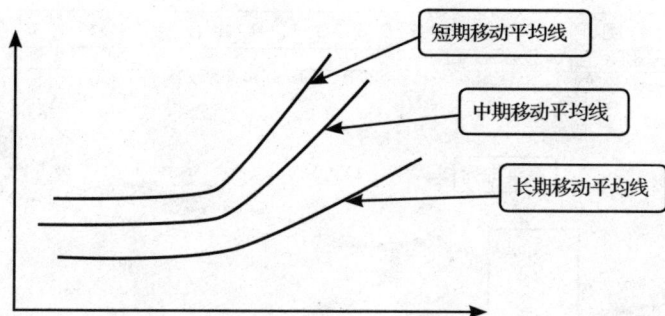

图 6-21　多头排列示意图

均线多头排列通常出现在上涨行情中，是一种做多信号，表示后市继续看涨。

空头排列与多头排列相反，它指期价在均线下方运行，且短期均线、中期均线、长期均线按照自下而上的顺序依次排列，如图 6-22 所示为空头排列示意图。

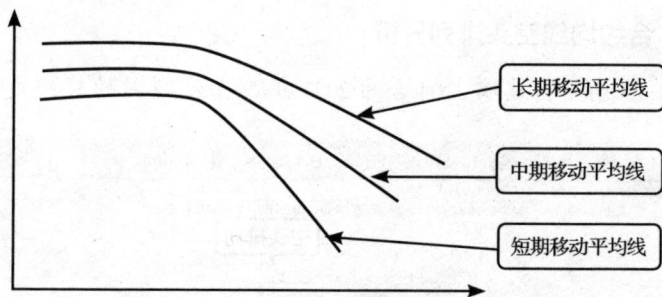

图 6-22　空头排列示意图

示例讲解

纯碱 2204 合约均线多头排列分析

如图 6-23 所示为纯碱 2204 合约 2021 年 3 月至 10 月的 K 线走势。

从下图可以看到，纯碱 2204 合约表现上涨行情，期价不断向上攀升。此时查看均线指标发现，短期均线、中期均线和长期均线按自上而下的顺序排列，形成多头排列，说明当前市场处于多头，后市看涨。

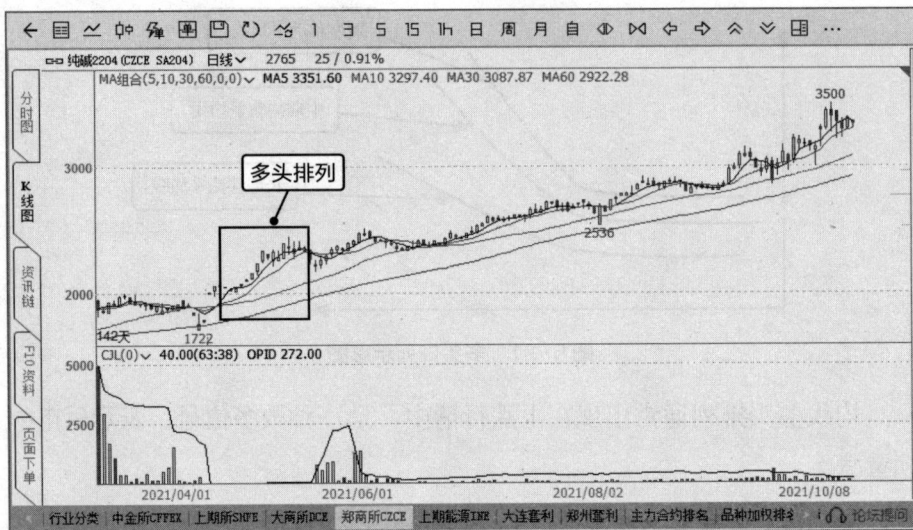

图6-23 纯碱2204合约2021年3月至10月的K线走势

示例讲解

玻璃2204合约均线空头排列分析

如图6-24所示为玻璃2204合约2021年6月至12月的K线走势。

图6-24 玻璃2204合约2021年6月至12月的K线走势

从上图可以看到，前期玻璃2204合约表现为上涨行情，期价震荡向上。2021年7月下旬，期价创出2 967.00元高价后止涨回落，并依次跌破短期均线、中期均线和长期均线，运行至均线下方。随后均线系统按照短期均线、中期均线和长期均线自下而上的顺序依次排列，说明市场处于空头，后市看空。

6.2.3 期价对均线的突破和跌破

根据前面的内容我们知道均线对期价有支撑作用和压制作用，使得期价在均线上方或下方运行，但期价并不会一直维持在均线的上方或下方，这就涉及期价对均线的突破和跌破。期价向上有效突破均线是下跌趋势转为上升趋势的转势信号，后市看涨，有效突破时要求满足以下3个条件。

①期价上涨，下方成交量配合放量，说明市场做多意愿强烈。

②均线方向向上，说明期价近期没有大幅下跌。

③期价向上突破后稳定地站在均线上方，超过3天以上。

示例讲解
豆粕2207合约期价向上突破均线分析

如图6-25所示为豆粕2207合约2021年9月至2022年2月的K线走势。

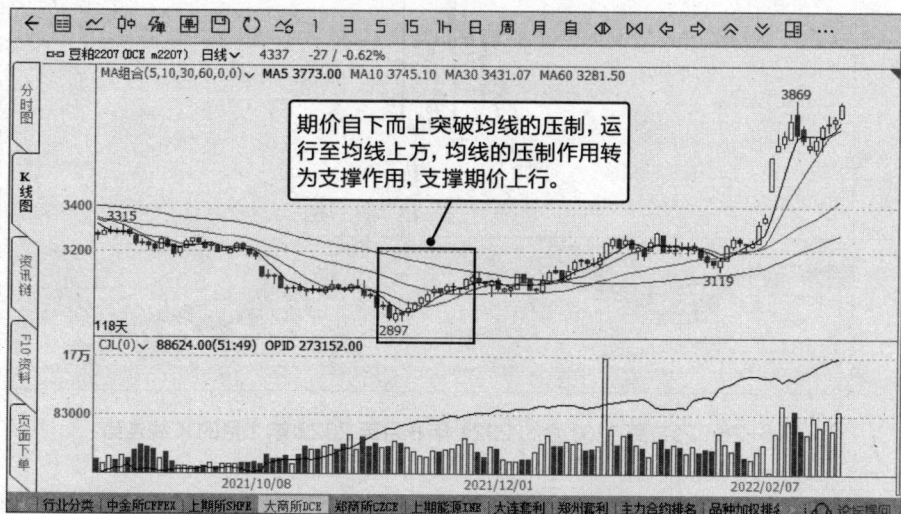

图 6-25 豆粕2207合约2021年9月至2022年2月的K线走势

从上图可以看到，豆粕2207合约前期表现为下跌行情，期价运行在均线下方，受到均线的压制，均线呈空头排列，期价震荡向下。

2021年11月上旬，期价创出2 897.00元的新低后止跌回升，并向上依次突破5日均线、10日均线和30日均线，运行至均线上方，下方成交量配合放量。说明期价向上有效突破移动平均线，均线的压制作用转为支撑作用，支撑期价向上运行，市场由空头市场转入多头市场，后市看涨。

期价向下有效跌破是指原本期价在均线上方运行，在均线的支撑作用下向上攀升，随后期价掉头向下，有效跌破均线，并运行至均线下方，原本的支撑作用转为压制作用，多头市场转为空头市场，后市看跌。跌破时不需要成交量配合，只要跌破以后，超过3天运行于均线下方，就可以称为有效跌破。

示例讲解
乙二醇2302合约期价向下跌破均线分析

如图6-26所示为乙二醇2302合约2021年8月至2022年1月的K线走势。

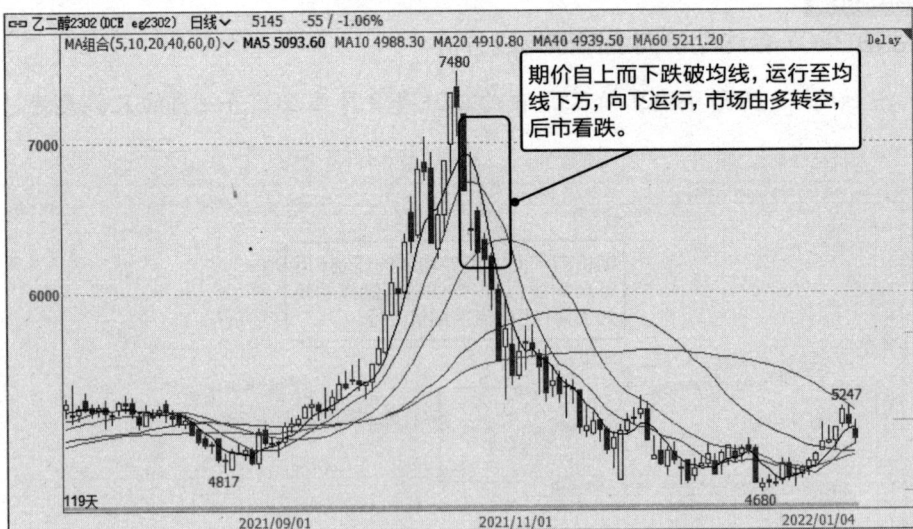

图6-26　乙二醇2302合约2021年8月至2022年1月的K线走势

从上图可以看到，乙二醇2302合约前期表现为上涨行情，期价运行于均线上方，在均线的支撑作用下向上攀升。2021年10月中旬，乙二醇2302合约创出7 480.00元的高价后止涨下跌，并依次跌破5日均线、10日均线和20日均线，运行于均线下方。说明期价向下有效跌破均线，均线原本的支撑作用转为压制作用，多头市场转为空头市场，后市看跌。

6.2.4　均线黄金交叉与死亡交叉

黄金交叉与死亡交叉是均线指标常用的一个转势信号，由3根不同周期的均线组成。

均线的黄金交叉是指在上升过程中的短期移动平均线从下向上穿越上升中的中、长期移动平均线形成的交叉。当出现移动平均线的黄金交叉时，表示后市看涨，具体如图6-27所示。

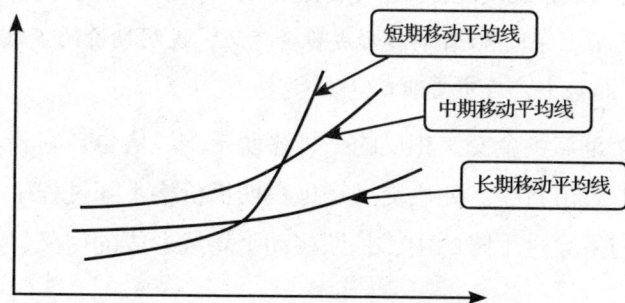

图6-27　移动平均线的黄金交叉

示例讲解
铁矿2204合约均线黄金交叉转势分析

如图6-28所示为铁矿2204合约2021年10月至2022年3月的K线走势。

从下图可以看到，铁矿2204合约前期处于下跌趋势之中，期价运行于均线下方，在均线的压制作用下震荡向下。2021年11月中旬，期价跌至530.00附近止跌横盘，随后在创出516.00元的新低后止跌回升。期价向上突破均线压制，运行于均线之上。

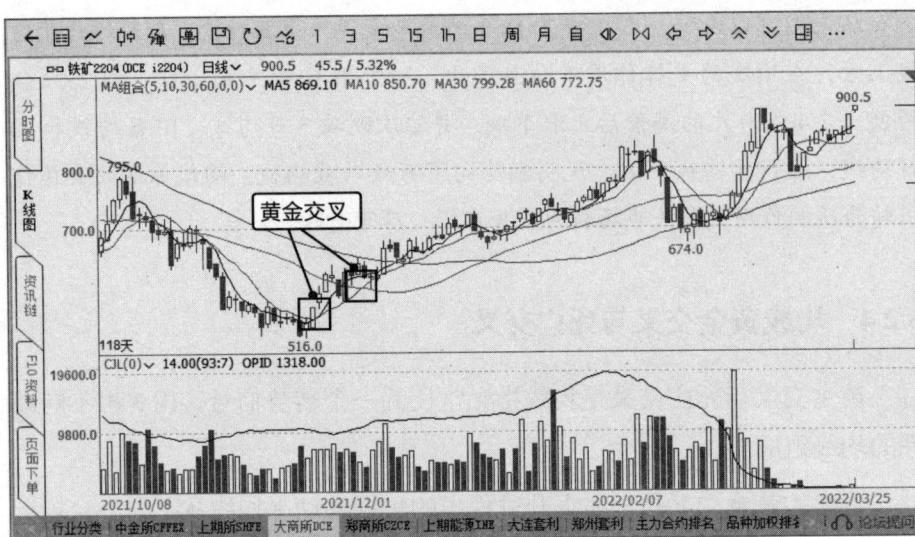

图 6-28 铁矿 2204 合约 2021 年 10 月至 2022 年 3 月的 K 线走势

此时查看均线系统发现，5 日均线自下而上穿过 10 日均线形成黄金交叉，10 日均线自下而上穿过 30 日均线形成黄金交叉，说明期价的下跌行情已经结束，转入上升趋势中，后市看涨。

死亡交叉是与黄金交叉相反的一种移动平均线信号，它表示市场由上涨转为下跌，后市看跌。死亡交叉是指在期货价格下降过程中，短期移动平均线由上向下穿过下降的中、长期移动平均线形成的交叉，具体形态如图 6-29 所示。

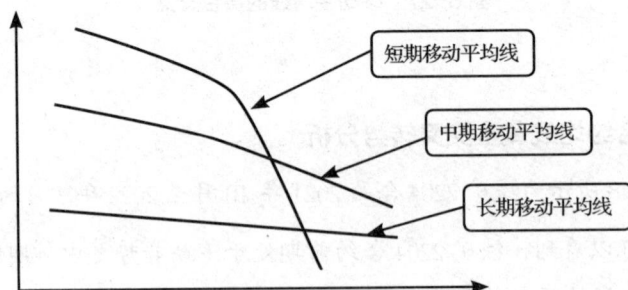

图 6-29 移动平均线的死亡交叉

焦煤 2204 合约均线死亡交叉转势分析

如图 6-30 所示为焦煤 2204 合约 2021 年 8 月至 11 月的 K 线走势。

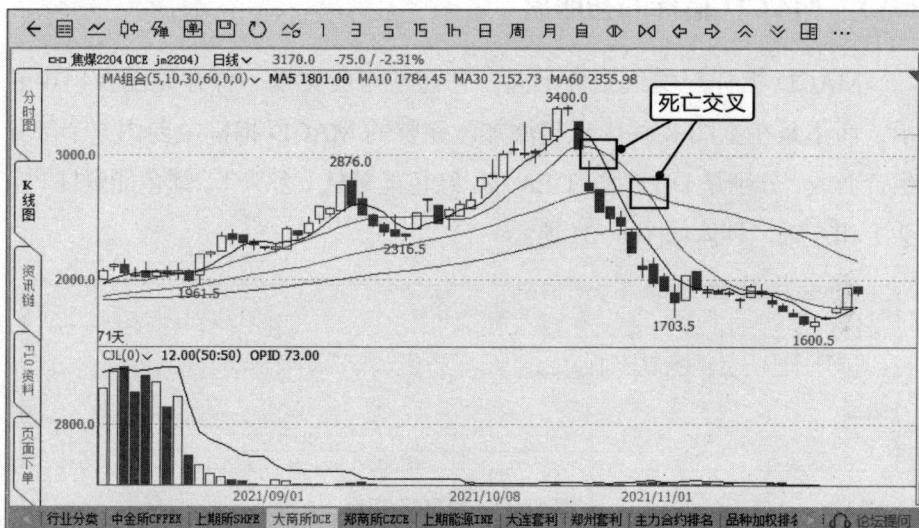

图 6-30 焦煤 2204 合约 2021 年 8 月至 11 月的 K 线走势

从上图可以看到，焦煤 2204 合约前期处于上升趋势之中，期价在均线上方震荡上行，并不断创出新高。2021 年 10 月中旬，焦煤 2204 合约创出 3 400.00 元的新高后止涨回落，K 线连续收阴，期价跌至均线下方。

此时查看均线系统发现，5 日均线拐头向下，自上而下穿过 10 日均线形成死亡交叉，10 日均线自上而下穿过 30 日均线形成死亡交叉，说明期价的这一波上涨行情已经见顶，后市即将转入下跌趋势之中。

6.3 技术指标之王 MACD

MACD 指标的中文名称为平滑异同移动平均线，从名称上可以看出它与移动平均线存在密切关系。实际上，MACD 指标就是由移动平均线发展而来，同样具有跟踪与预测期价趋势的作用，但同时它还具有很多其他的特点，能够帮助投资者更好地判断期价的走势发展。

6.3.1 MACD 指标的初印象

MACD 指标与均线指标不同，它通常与成交量一样在副图窗口中显示，而不是在主图 K 线中直接添加。完整的 MACD 指标主要由 5 个部分组合而成，分别是 DIFF 线、DEA 线、红色能量柱（多头）、绿色能量柱（空头）和 0 轴，具体如图 6-31 所示。

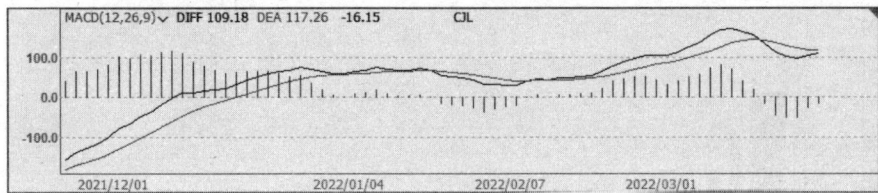

图 6-31 MACD 指标

MACD 指标计算方式实际上是由快的指数移动平均线（EMA12）减去慢的指数移动平均线（EMA26）得到快线 DIFF，再用 2×（快线 DIFF-DIFF 的 9 日加权移动均线 DEA）得到 MACD 红绿柱。

MACD 指标的所有应用主要是围绕快线 DIFF 和慢线 DEA、红绿柱状况以及它们的形态来展开的，在后面的内容中将从这几个方面来具体介绍 MACD 指标的实际运用。

6.3.2 DIFF 和 DEA 的值与位置

在 MACD 指标中 DIFF 线和 DEA 线具有重要的市场意义，能够帮助投资者理清市场行情，找到合适的买卖点。DIFF 线和 DEA 线的运用主要是根据其值和所处位置来决定的，具体如下。

①当 DIFF 线和 DEA 线均大于 0（表示它们都在 0 轴上方运行）并向上移动时，说明市场处于多头行情，后市看涨，如图 6-32 所示。

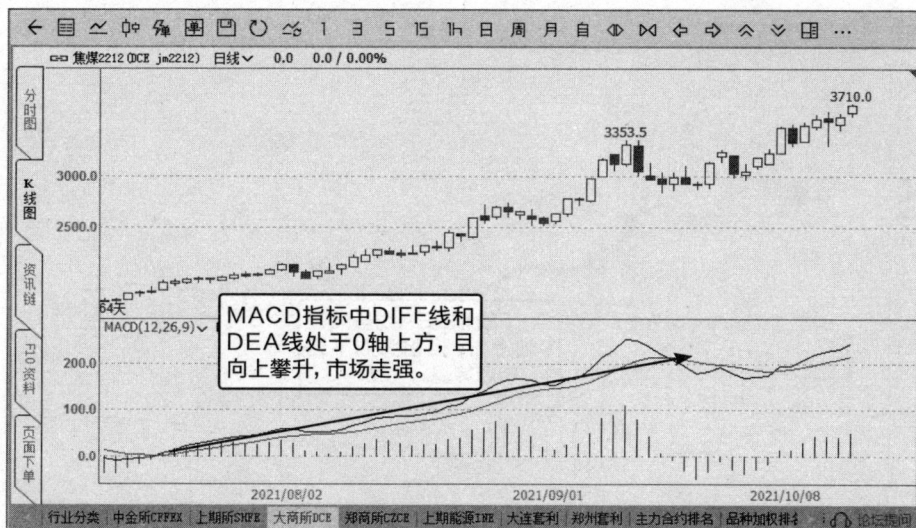

图 6-32 DIFF 线和 DEA 线大于 0 且表现为上移

②当 DIFF 线和 DEA 线均小于 0（表示它们都在 0 轴下方运行）并向下移动，说明市场处于空头行情，后市看跌，如图 6-33 所示。

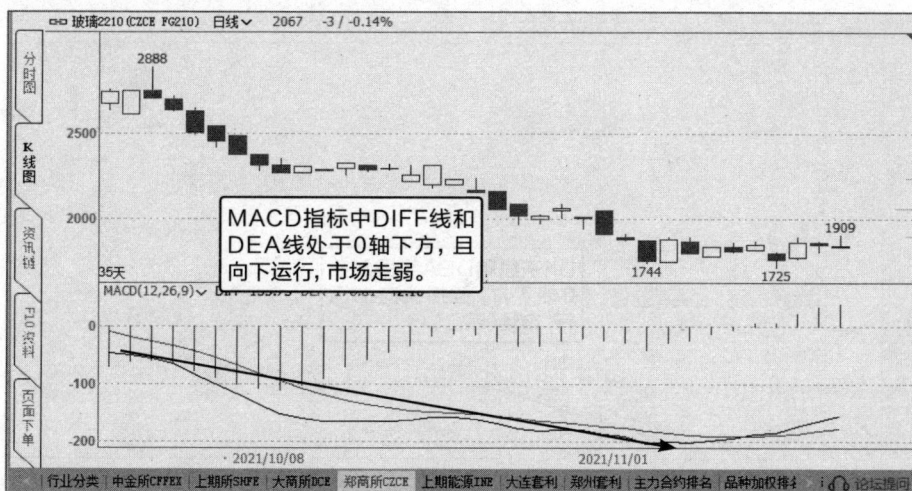

图 6-33 DIFF 线和 DEA 线小于 0 且表现为下移

③虽然 DIFF 线和 DEA 线都处于 0 轴上方，但是方向向下运行，说明市场即将转弱，后市看跌，如图 6-34 所示。

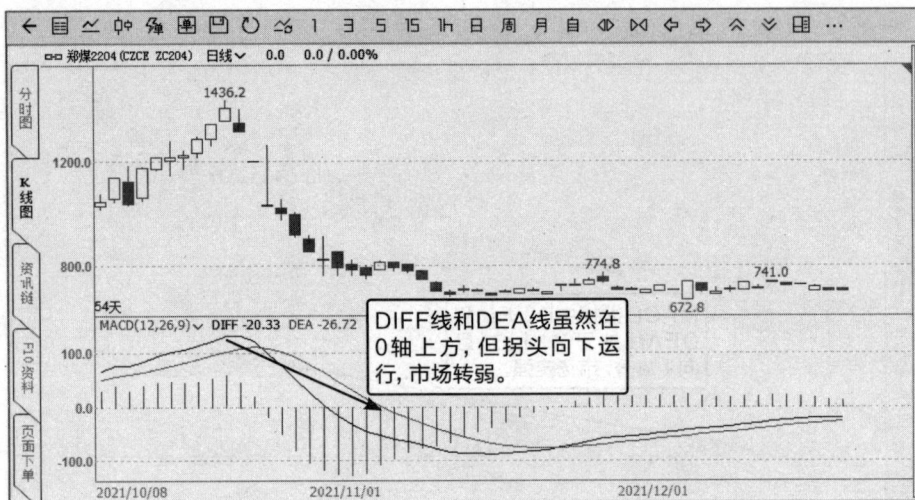

图 6-34　DIFF 线和 DEA 线处于 0 轴上方但向下运行

④虽然 DIFF 线和 DEA 线都处于 0 轴下方，但方向向上运行，说明市场即将转强，后市看涨，如图 6-35 所示。

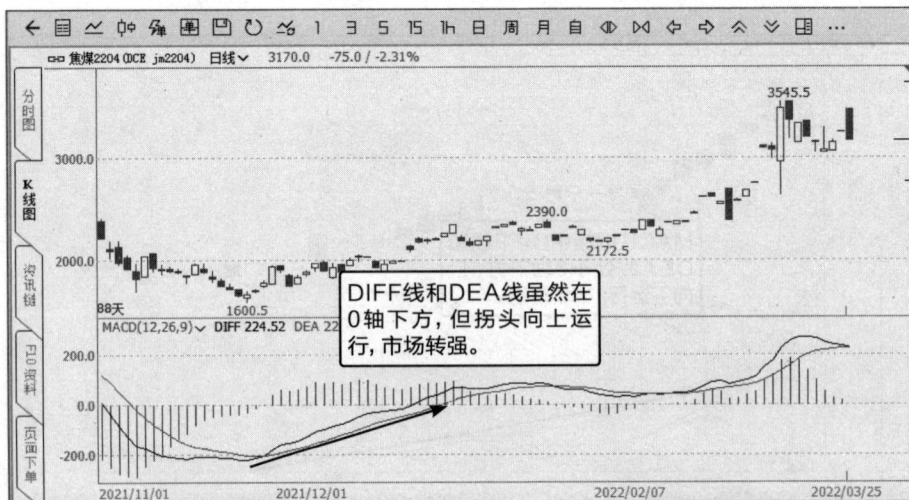

图 6-35　DIFF 线和 DEA 线处于 0 轴下方但向上运行

6.3.3　MACD 指标中的黄金交叉与死亡交叉

MACD 指标中也同样存在黄金交叉和死亡交叉，但不同的是它的交叉由 DIFF 线和 DEA 线来实现。

（1）黄金交叉

MACD 黄金交叉指的是 DIFF 线自下而上突破 DEA 线时形成的交叉，是市场强势的象征，后市看涨。但是，黄金交叉出现的位置不同，代表的市场意义也有所差异。

当黄金交叉出现在 0 轴下方，说明期价已经触底，即将转强，后市看涨；当黄金交叉出现在 0 轴上方，说明市场处于强势之中，后市将继续上涨。

示例讲解
豆粕 2207 合约 MACD 指标黄金交叉

如图 6-36 所示为豆粕 2207 合约 2021 年 10 月至 2022 年 3 月的 K 线走势。

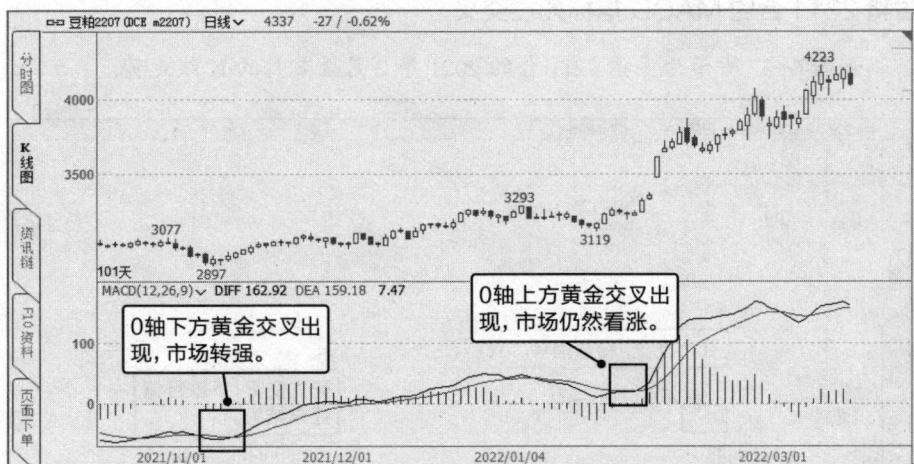

图 6-36　豆粕 2207 合约 2021 年 10 月至 2022 年 3 月的 K 线走势

从上图可以看到，豆粕 2207 合约前期经过一轮下跌行情后运行至低位区域，此时 MACD 指标中的 DIFF 线和 DEA 线均在 0 轴下方运行。2021 年 11 月上旬，DIFF 线拐头向上突破 DEA 线形成黄金交叉，与此同时上方期价也拐头向上转入上升趋势之中。

随后 DIFF 线和 DEA 线向上运行至 0 轴上方。2022 年 1 月上旬，DIFF 线和 DEA 线拐头向下运行，但还未触及 0 轴，1 月中下旬，DIFF 线便再次拐头向上穿过 DEA 线形成黄金交叉，上方期价也小幅回调后继续向上攀升，说明市场仍然处于多头，并未发生改变，后市看涨。

（2）死亡交叉

MACD 指标死亡交叉指的是 DIFF 线自上而下穿过 DEA 线时形成的交叉，是市场走弱的信号，后市看跌。同样的，不同位置的死亡交叉代表的市场意义不同。当死亡交叉出现在 0 轴上方，说明市场即将由强转弱，是转势信号，后市看跌；当死亡交叉出现在 0 轴下方，说明市场的这一轮下跌还未结束，后市还将继续下跌。

示例讲解
生猪 2211 合约 MACD 指标死亡交叉

如图 6-37 所示为生猪 2211 合约 2021 年 2 月至 8 月的 K 线走势。

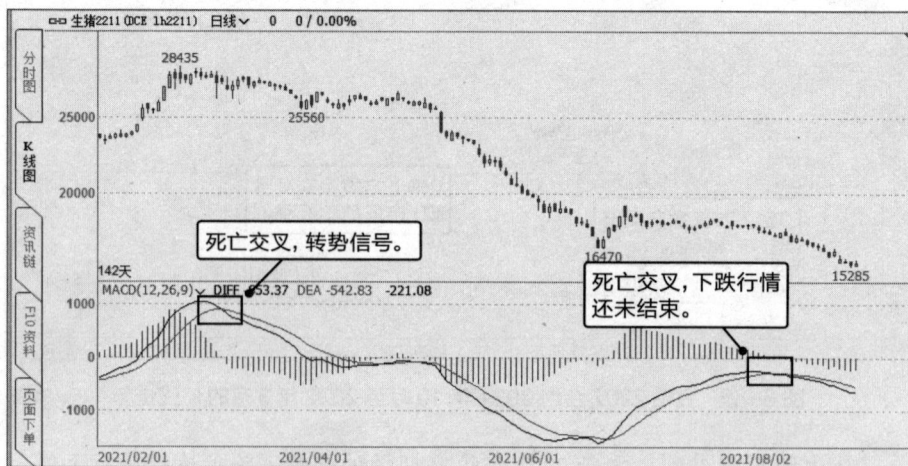

图 6-37　生猪 2211 合约 2021 年 2 月至 8 月的 K 线走势

从上图可以看到，生猪 2211 合约前期表现上涨行情，期价逐渐向上攀升。2021 年 2 月下旬，生猪 2211 合约创出 28 435.00 元的新高后滞涨横盘。此时查看下方的 MACD 指标发现，处于 0 轴上方的 DIFF 线拐头向下，且下穿 DEA 线，形成死亡交叉，为转势信号，说明生猪 2211 合约的这一波上涨行情已经见顶，后市即将转入下跌趋势之中。

随后期价开始逐渐向下滑落，2021 年 6 月下旬，生猪 2211 合约创出 16 470.00 元的新低后止跌，小幅向上攀升，但涨势仅维持了几个交易日便滞涨横盘。

此时查看下方的 MACD 指标发现，0 轴下方的 DIFF 线和 DEA 线虽然向上运行，但 DIFF 线突然拐头向下，下穿 DEA 线，在 0 轴下方形成了死亡交叉，说明生猪 2211 合约的这一波下跌行情还未结束，还有下跌的空间，后市继续看跌。

6.3.4　MACD 指标柱状图应用

MACD 指标中的 DIFF 值减去 DEA 值获得的结果绘制了 MACD 柱线。柱线有红绿之分，当结果为正值时用红色柱线表示；当结果为负值时则用绿色来表示。红绿柱状图在实际投资实战中具有重要的市场意义，能够帮助投资者分析市场行情，把握期价走势，具体如下。

①当红色柱线持续性放大时，表明 DIFF 线向上运行且逐渐远离 DEA 线，说明市场处于上升行情，多头占据优势，上涨动力强劲，后市继续看涨，如图 6-38 所示。但需要注意的是，当红色柱状线增大到一定程度，且无法继续放大时，可能会出现转势。

②当绿色柱线持续性放大时，表明 DIFF 线向下运行且逐渐远离 DEA 线，说明市场处于下跌行情中，空头占据优势，下跌势头迅猛，后市继续看跌，如图 6-39 所示。同样的，如果 MACD 指标的绿色柱状线增大到一定程度，无法继续放大，开始缩小时，市场可能出现转势。

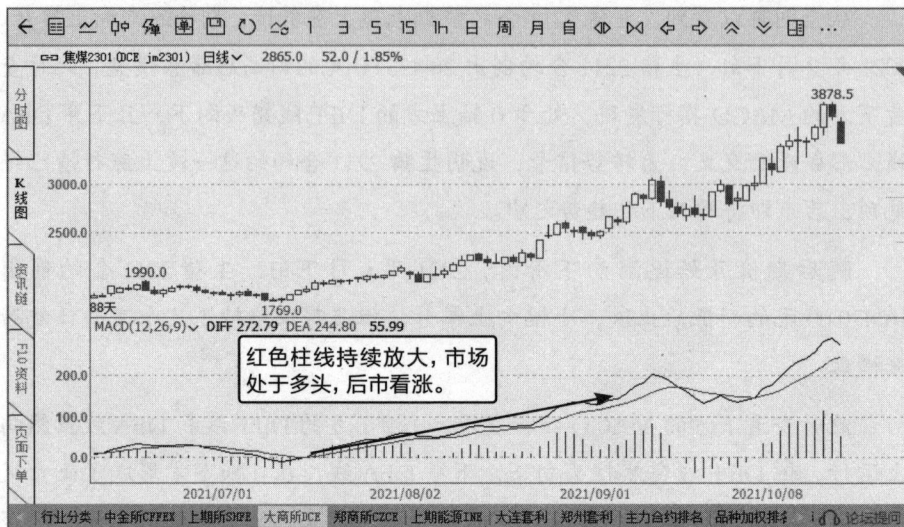

图6-38　红色柱线持续放大

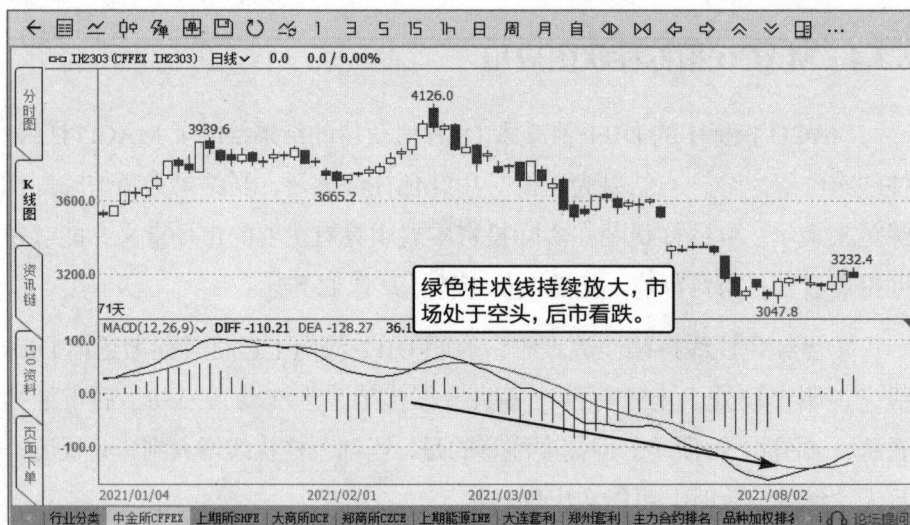

图6-39　绿色柱线持续放大

③当红色柱线开始缩小时，表明上涨行情即将结束或是要进入调整期，期价将出现下跌，后市看跌，如图6-40所示。

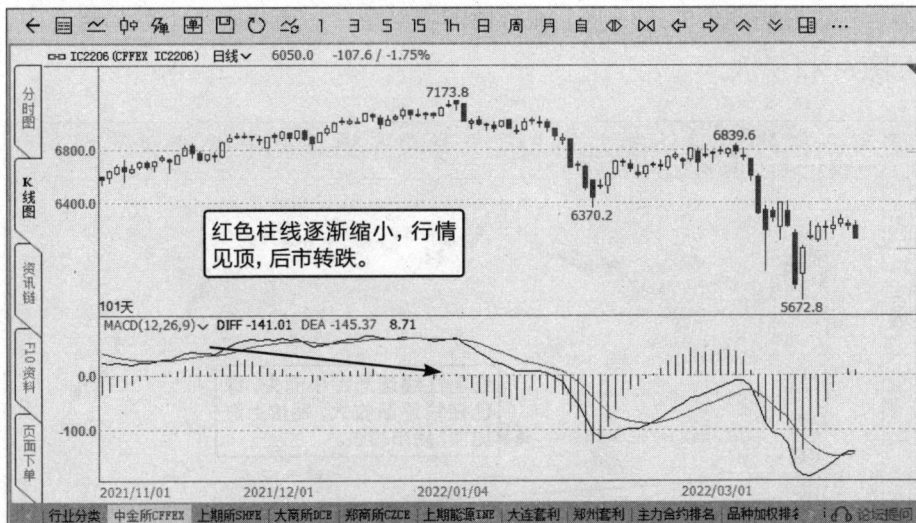

图 6-40　红色柱线逐渐缩小

④当绿色柱线开始缩小，说明下跌行情即将结束，期价将触底回升，或者是进入盘整阶段，如图 6-41 所示。

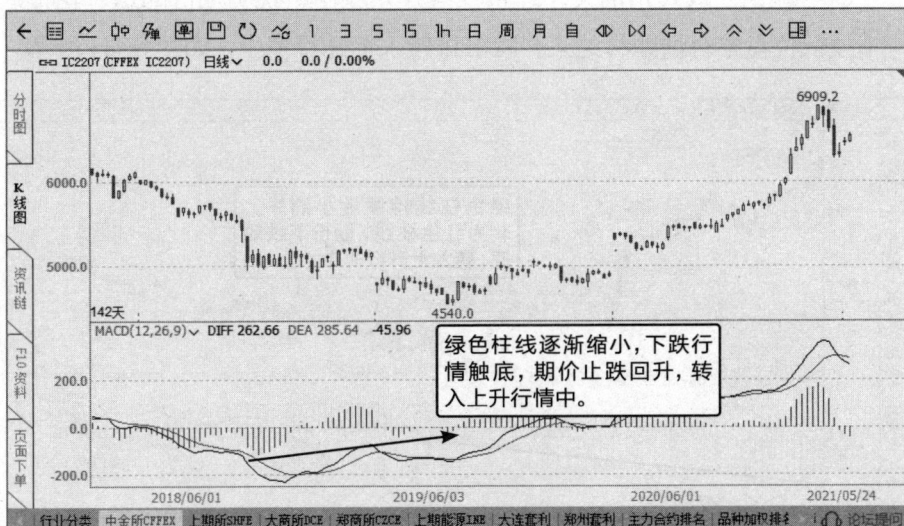

图 6-41　绿色柱线逐渐缩小

⑤当红色柱线消失，绿色柱线开始放大时，说明市场由多转空，为转

势信号，说明期价的这一波上涨行情即将结束，后市将转入下跌趋势之中，如图 6-42 所示。

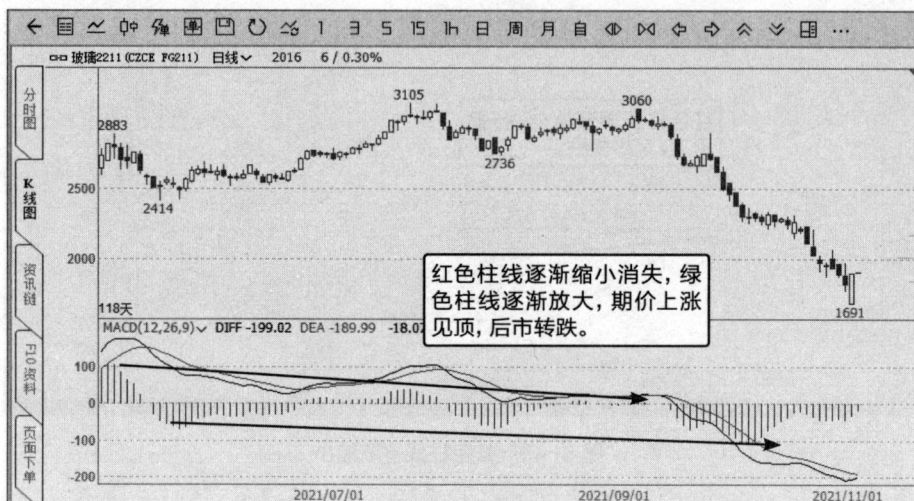

图 6-42　红色柱线持续缩小消失

⑥当绿色柱线开始消失，红色柱线开始放出，说明期价的这一轮下跌行情或低位盘整行情即将结束，后市将转入上升行情中，如图 6-43 所示。

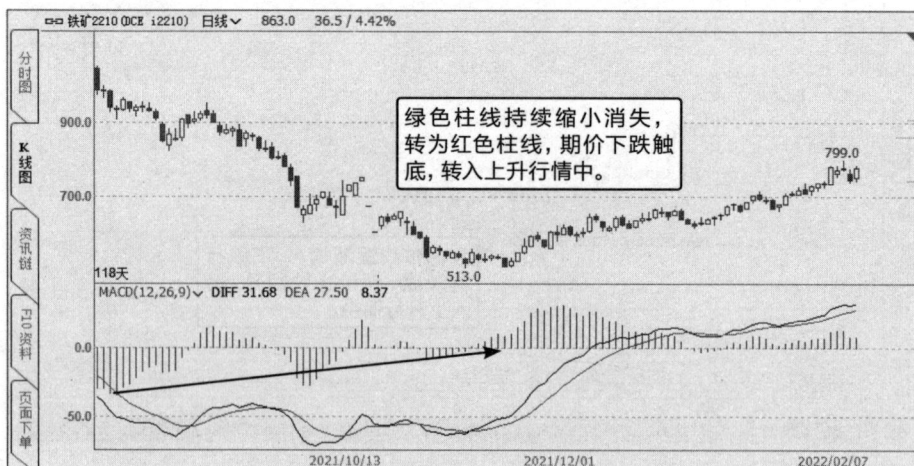

图 6-43　绿色柱状线持续缩小消失

综上所述可以看到，MACD 指标中红绿色柱线的不同形态代表了不同的市场意义，投资者应该充分抓住 MACD 指标的红绿柱线这一指标做好市场研判分析。

6.3.5　MACD 指标中的背离现象

MACD 指标的背离现象指的是 MACD 指标中的图形走势与 K 线图中的走势方向正好相反的一种现象。根据背离出现的位置不同，又将背离分为顶背离和底背离。

（1）顶背离

顶背离指的是当 K 线图中的期价走势一峰比一峰高，价格不断向上攀升时，MACD 指标中的走势却是一波比一波低。顶背离现象通常出现在期价经过一轮上涨后的高位区域，说明上涨动力衰竭，期价即将见顶，是趋势即将反转的信号，说明期价在短期内会出现下跌，转入下跌趋势之中。

示例讲解

鸡蛋 2210 合约 MACD 指标顶背离

如图 6-44 所示为鸡蛋 2210 合约 2020 年 12 月至 2021 年 8 月的 K 线走势。

从下图可以看到，鸡蛋 2210 合约前期表现上升行情，期价震荡向上。2021 年 1 月中旬，期价继续上涨，走出一峰比一峰高的上升走势。与此同时查看下方的 MACD 指标，却发现 MACD 指标呈现出一波比一波低的走势。

故此，K 线走势与 MACD 指标走势形成背离，因为背离出现在期价经过一轮上涨后的高位区域，说明鸡蛋 2210 合约这一波上涨行情即将触顶，上涨势能衰竭，后市看跌，市场即将转入下跌趋势之中，看空投资者可以积极跟进卖空。

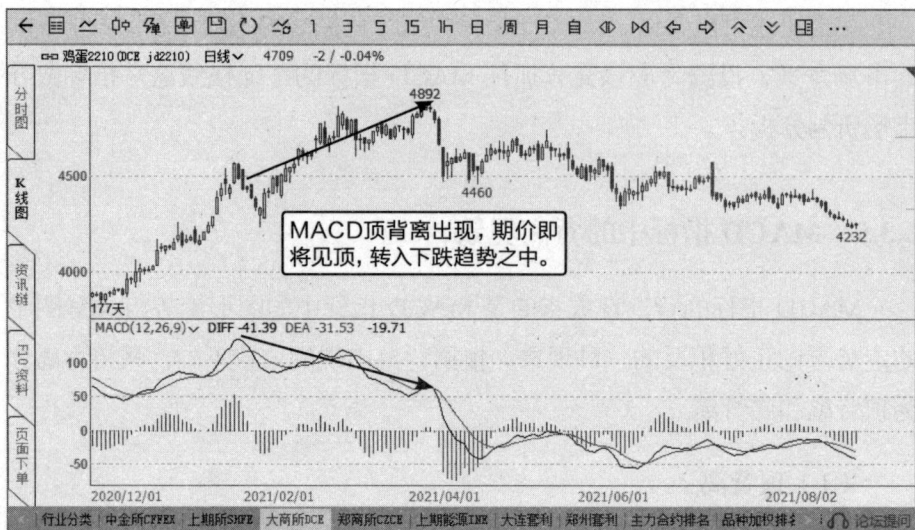

图 6-44　鸡蛋 2210 合约 2020 年 12 月至 2021 年 8 月的 K 线走势

（2）底背离

底背离指的是当 K 线图中的期价走势一波比一波低，价格不断向下滑落时，MACD 指标中的走势却是一峰比一峰高。底背离现象通常出现在期价经过一轮下跌后的底部区域，说明下跌势能衰竭，是趋势即将反转的信号，说明期价在短期内会出现上涨，转入上升趋势之中。

示例讲解

甲醇 2206 合约 MACD 指标底背离

如图 6-45 所示为甲醇 2206 合约 2020 年 1 月至 2021 年 1 月的 K 线走势。

从下图可以看到，甲醇 2206 合约前期处于下跌趋势之中，期价震荡向下。2020 年 4 月初，期价止跌小幅反弹后继续向下运行，K 线走势一波比一波低。

此时查看 MACD 指标发现，MACD 指标走势没有跟随 K 线的下跌而下跌，反而走出了一峰比一峰高的上涨走势。由此可知，K 线与 MACD 指标形成底背离。

MACD 指标的底背离现象出现在期价经过一轮下跌后的低位区域，说明甲醇 2206 合约的这一波下跌行情即将触底，短期内可能迎来一波上涨行情，后市看涨。

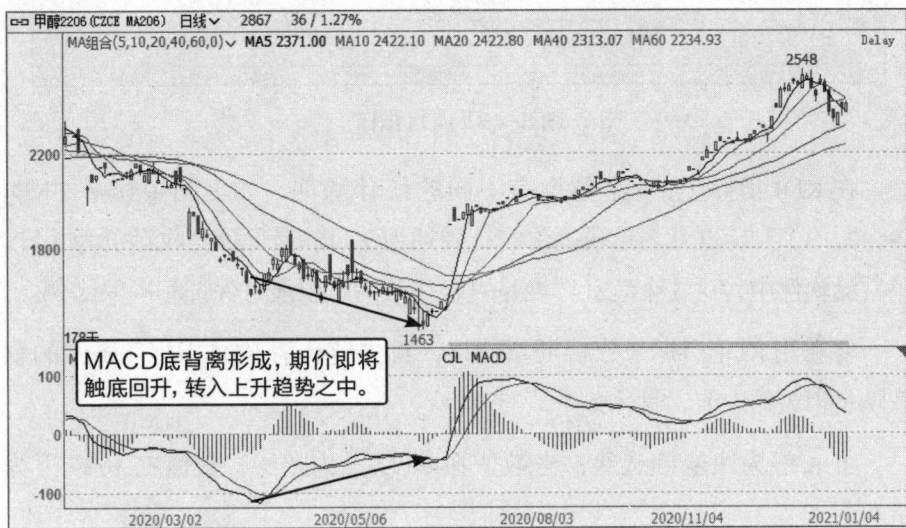

图 6-45　甲醇 2206 合约 2020 年 1 月至 2021 年 1 月的 K 线走势

6.4　敏感的随机指标 KDJ

KDJ 指标的中文名称为随机指标，是期货市场投资比较常用的一种技术分析指标，因为其反应灵敏，且融合了移动平均线速度上的观念，能够提供比较准确的市场信号，所以受到广大投资者青睐。

6.4.1　什么是 KDJ 指标

随机指标 KDJ 是以最高价、最低价及收盘价为基本数据进行计算，得出 K 值、D 值和 J 值，各个时间点的这 3 个值就形成了随机指标，具体形态如图 6-46 所示。

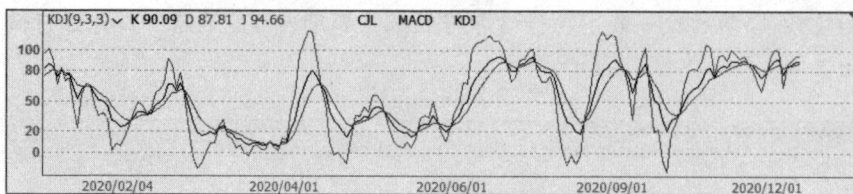

图 6-46　KDJ 指标

在 KDJ 指标中，3 个数据有不同的统计周期，如上图中显示"KDJ（9，3，3）"，这就表示最高价统计周期为 9 日、最低价与收盘价为 3 日。在看盘软件中，这 3 个统计周期是可以修改的，但最好保证相同的比例。

要利用 KDJ 指标来分析期货价格，首先要认清 KDJ 指标 3 条线的意义以及相关的取值，具体如下。

①K 线为快速确认线，当数值在 90 以上为超买，数值在 10 以下为超卖。

②D 线为慢速主干线，当数值在 80 以上为超买，数值在 20 以下为超卖。

③J 线为方向敏感线，当 J 值大于 90，特别是连续 5 天以上，期货价格至少会形成短期顶部；反之 J 值小于 10 时，特别是连续数天以上，期货价格至少会形成短期底部。

6.4.2　KDJ 指标超买与超卖

KDJ 指标超买与超卖是 KDJ 指标最为核心的一种技术分析方法。

KDJ 超买指的是场内买方人气过剩，上涨行情难以维持，期价即将止涨转入下跌趋势中，通常 K 值和 D 值大于 80 就认为进入了超买区，可能转势下跌。

KDJ 超卖指的是场内卖方人气过剩，下跌行情难以继续，期价即将触底回升，转入上升趋势之中，通常 K 值和 D 值小于 20 就认为进入了超卖区，期价转势在即。

示例讲解

EG2204 合约 KDJ 超买分析

如图 6-47 所示为 EG2204 合约 2021 年 8 月至 12 月的 K 线走势。

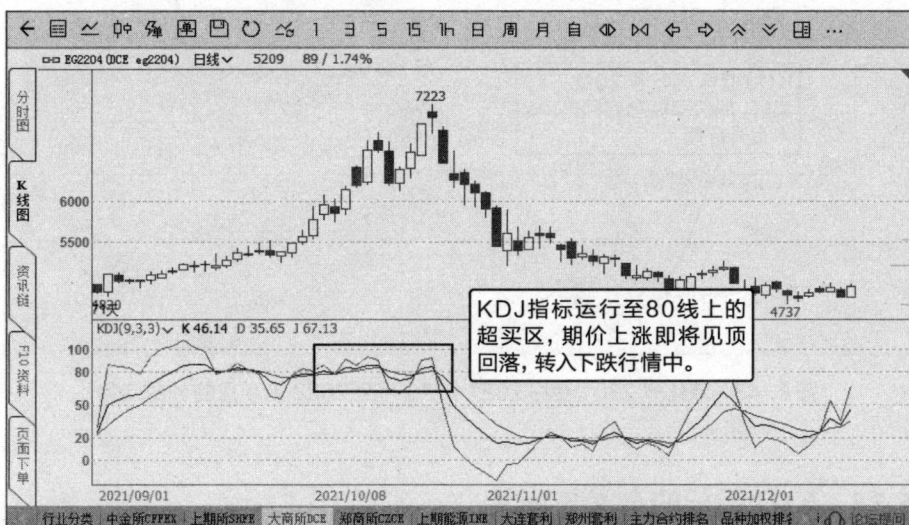

图 6-47　EG2204 合约 2021 年 8 月至 12 月的 K 线走势

从图中可以看到，EG2204 合约前期表现上升行情，期价震荡向上，不断创出新高。此时 KDJ 指标也随着期价的上升而向上，运行至 80 线上，进入超买区，说明 EG2204 合约的这一波上涨行情即将结束，后市期价将转入下跌趋势之中。

示例讲解

液化气 2301 合约 KDJ 超卖分析

如图 6-48 所示为液化气 2301 合约 2021 年 10 月至 2022 年 3 月的 K 线走势。

从下图可以看到，液化气 2301 合约前期处于下跌趋势之中，期价不断向下移动，2021 年 11 月下旬，期价跌至 4 200.00 元附近后止跌横盘整理。此时查看 KDJ 指标发现，随着期价的不断下移，KDJ 指标也下行，运行至 20 线下的超卖区，说明液化气 2301 合约的这一波下跌行情即将触底，后市可能转入上升行情中。

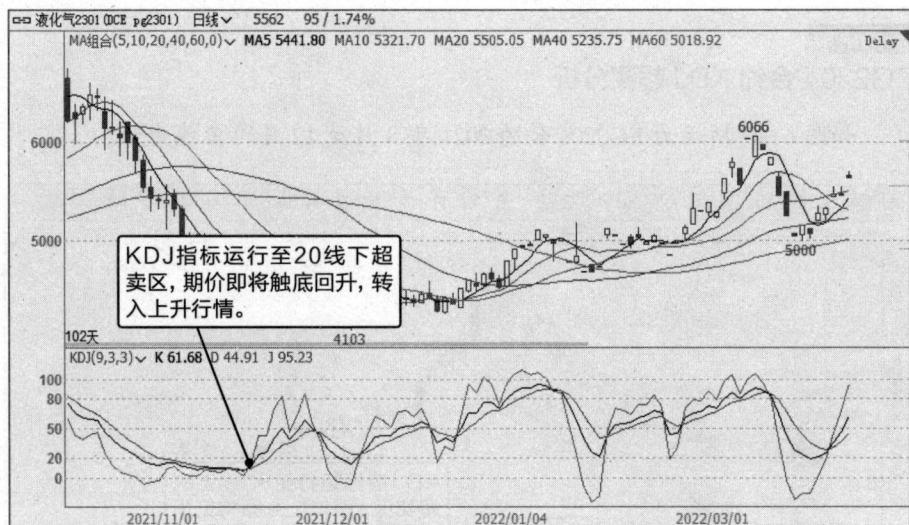

图6-48 液化气2301合约2021年10月至2022年3月的K线走势

6.4.3 KDJ指标的金叉与死叉

KDJ指标也有黄金交叉和死亡交叉，简称金叉和死叉，它们是重要的市场转势信号。

（1）KDJ金叉

KDJ金叉是指KDJ指标中的快线K线自下而上穿越D线形成的交叉。金叉形成后，K线、D线和J线3条线都向上发散运行，说明市场转强，是强烈的转势信号。

同时，根据KDJ金叉出现的位置不同又分为低位金叉和中位金叉，虽然二者都发出了市场强势的信号，但二者代表的市场意义却不同。

①KDJ低位金叉是指KDJ指标运行至20线附近，随后K线拐头向上，自下而上穿过D线形成了交叉，说明期价短期内的上涨动力较强，市场转势在即。

②KDJ 指标在 50 线附近运行时对市场行情没有明确的指示意义，但如果 KDJ 在 50 线位置形成中位金叉，则说明盘整结束，短期上涨行情即将到来。

如图 6-49 所示为 KDJ 低位金叉和中位金叉。

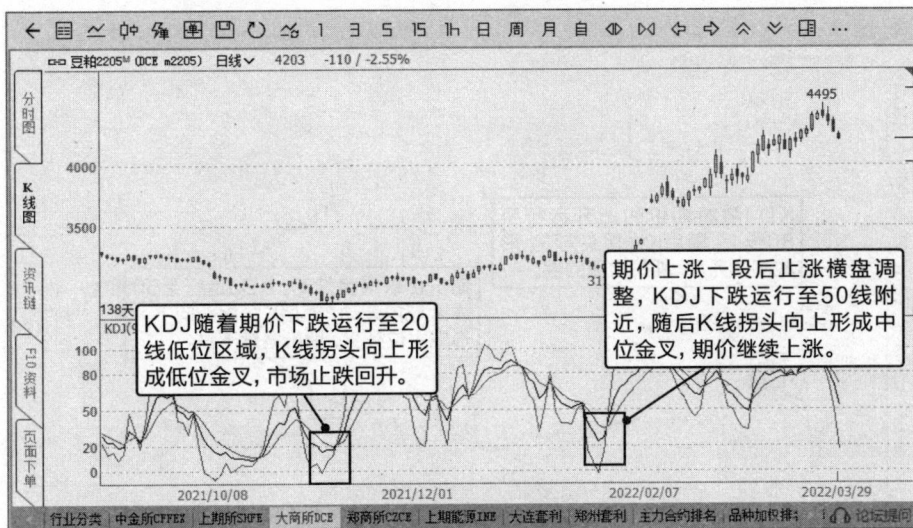

图 6-49　KDJ 金叉

市场中还有一种 KDJ 高位金叉，即出现在 80 线上的 KDJ 金叉，说明虽然市场即将见顶，但短期内还有一段拉升。但是这种情况在实际投资中比较少见。

（2）KDJ 死叉

KDJ 死叉是指 KDJ 指标中的快线 K 线自上而下穿越 D 线形成的交叉。死叉形成后，K 线、D 线和 J 线 3 条线都向下发散运行，说明市场转弱，是强烈的转势信号。根据 KDJ 死叉形成的位置不同，KDJ 死叉分为高位死叉和中位死叉。

①KDJ 高位死叉是指 KDJ 随着期价上涨运行至 80 线上，然后 K 线拐头向下，穿过 D 线形成的交叉。说明期价走弱，短期内下跌的可能性较大。

②KDJ 中位死叉是指期价处于下跌横盘过程中，KDJ 线在 50 线附近横盘波动，随后 K 线拐头向下，穿过 D 线形成交叉，说明期价还有下跌空间，后市看跌。

如图 6-50 所示为 KDJ 高位死叉和中位死叉。

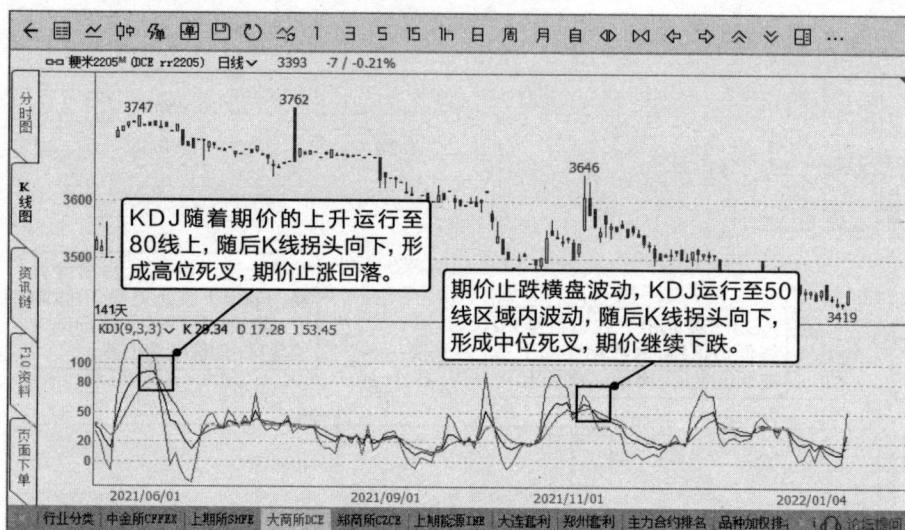

图 6-50　KDJ 死叉

第7章

掌握必要的交易策略降低投资风险

　　期货投资除了需要看懂盘面，做好技术分析外，还需要掌握一些交易策略，例如止盈策略、止损策略以及仓位管理方法。这些策略都能在不同程度上降低投资风险，使投资更稳健。

- 及时止盈才能落袋为安
- 及时止损控制损失程度
- 合理的仓位管理降低交易风险

7.1　及时止盈才能落袋为安

市场中的涨跌变化往往瞬息万变，难以预测，市场中的上涨不是真正的上涨，只有真正了结出局，将收益落袋之后得到的利润才是真正的收益。所以及时止盈让投资收益落袋为安，避免遭受利润回吐的损失非常重要。

止盈的方法有很多，不同的投资者由于投资风格不同也有自己一套独特的止盈策略，这里介绍一些市场中比较常见、实用的止盈方法。

7.1.1　K 线波动的高点和低点止盈法

K 线的高点和低点止盈法是利用每一次 K 线波动的高低点来做止盈。假设现在投资者做空，期货的价格下跌速度很快，当价格下跌速度放缓，投资者可以利用下跌过程中每一次反弹的高点作为止盈点，一旦价格回升突破止盈点则立即离场。这样的止盈方式可以避免行情突然反方向大幅运行，不仅失去利润，还会给自己带来重大损失。如图 7-1 所示为 K 线波动高点止盈示意图。

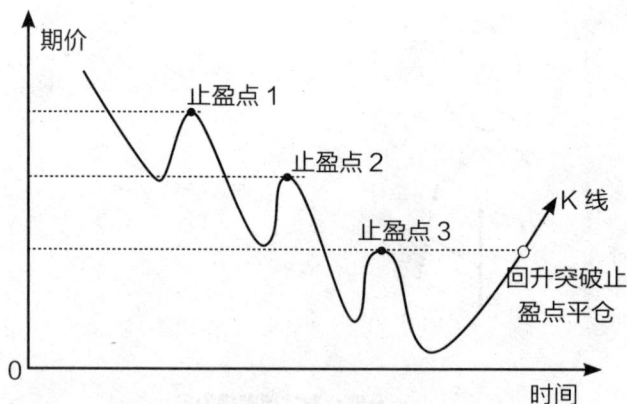

图 7-1　K 线波动高点止盈

与之相对的是 K 线波动低点止盈，它指的是投资者做多时，期价震荡上升，则以每一次期价波动时的低点作为止盈点，一旦期价下跌跌破止盈点，则立即平仓出局，将收益落袋为安。如图 7-2 所示为 K 线波动低点止盈示意图。

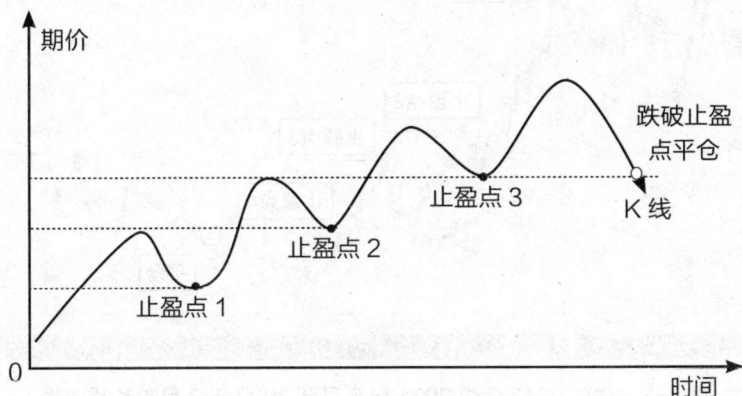

图 7-2　K 线波动低点止盈

K 线波动高点和低点止盈法最大的优势在于可以避免行情突然反向大幅运行，为投资者提前预留空间。但在实际投资中使用时也需要注意，我们在设置止盈点时也不能过于紧贴价格，避免预留空间过小而在正常的盘整过程中到达止盈，进而错失了更多的盈利空间。

示例讲解
铁矿 2212 合约做空 K 线高点止盈运用

如图 7-3 所示为铁矿 2212 合约 2021 年 5 月至 2022 年 3 月的 K 线走势。

从下图可以看到，铁矿 2212 合约前期表现为上涨，2021 年 5 月中旬创出 1 304.50 元的新高后止涨回落，因为此前铁矿 2212 合约已经经历了一轮大幅度的长期上涨行情，所以期价极有可能在此位置见顶，后市看跌。因此，某投资者在此位置买空跟进。

图 7-3　铁矿 2212 合约 2021 年 5 月至 2022 年 3 月的 K 线走势

跟进后，期价果然快速下跌，跌势又急又快，但是这一波下跌并没有持续较长时间，仅仅维持了 10 多个交易日跌至 930.00 元便止跌回升。K 线连续放出多根阳线之后止涨，维持在 1 150.00 元附近横盘波动。

2021 年 7 月中旬，期价打破横盘平台再次下跌，K 线形成了一个以 1 198.00 元为高点的波峰，为避免期价突然止跌急涨给自己带来不可估量的损失，投资者决定采取 K 线波动高点法止盈，以 1 198.00 元为止盈点，一旦期价反弹回升突破 1 198.00 元则立即平仓。

但随后期价没有止跌回升，反而继续向下大幅滑落。8 月下旬，期价跌至 760.00 元附近后止跌，小幅回升至 860.00 元附近后再次止涨回落。所以根据 K 线波动高点止盈，投资者将止盈点降低至 860.00 元附近。

9 月，期价继续下跌，跌至 620.00 元附近后止跌回升，此次回升并没有达到 860.00 元，而是在 800.00 元附近便止涨回落，所以投资者将止盈点调整至 800.00 元附近。

11 月下旬，期价创出 511.00 元的低价后止跌回升，在 12 月中旬 660.00 元附近止涨回落，此时投资者再次将止盈点调整至 660.00 元。然而此次回落并没有持续较长时间，几个交易日后期价便止跌回升，并连续放阳向上有效突破 660.00 元，并继续向上运行，所以投资者在此位置平仓离场。

7.1.2　简单易上手的均线止盈法

在前面的移动平均线特点中介绍过，均线具有追踪趋势的作用，在实际的投资中投资者也可以将均线作为一条弯曲的趋势线，如果 K 线的收盘价站到逆势的方向，投资者则需要立即平仓了结头寸。如图 7-4 和图 7-5 所示分别为做多止盈点和做空止盈点。

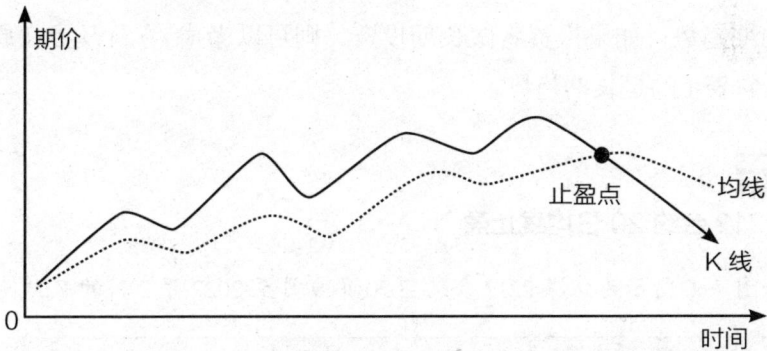

图 7-4　做多止盈

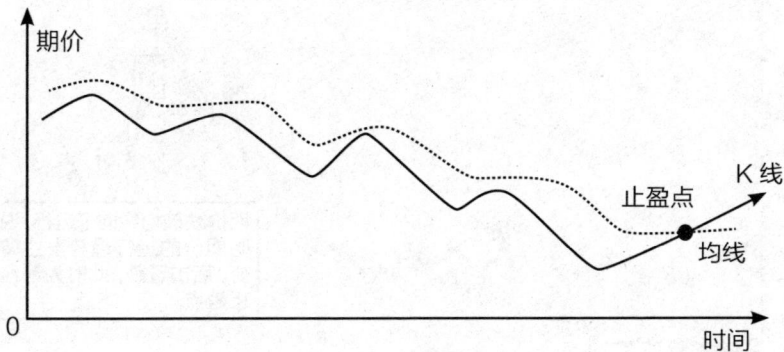

图 7-5　做空止盈

从图中可以看到，利用均线止盈特别简单，只要 K 线向上有效突破均线，或者是向下有效跌破均线即可止盈。但问题的关键在于均线的选择，我们知道均线有不同的周期，包括短期均线、中期均线和长期均线，不同周期的均线追踪的期价趋势不同，周期越短的均线反应越灵敏，周期越长的均线反应越迟钝，所以如果投资者不能正确选择均线，不仅不能正确止盈，还会让自己错失最佳的离场时机，给自己带来重大的经济损失。

实际上均线的选择还是要根据投资者的投资策略来进行筛选，如果投资者做短期投资，那么可以选择 10 日均线，它表示的是期价的短期趋势；如果投资者做中期投资，那么可以选择 20 日或 30 日均线，它表示的是期价的中期趋势；如果投资者做长期投资，则可以考虑 60 日及更长周期的均线，它表示的是长期趋势。

示例讲解
焦煤 2212 合约 20 日均线止盈

如图 7-6 所示为焦煤 2212 合约 2020 年 9 月至 2022 年 2 月的 K 线走势。

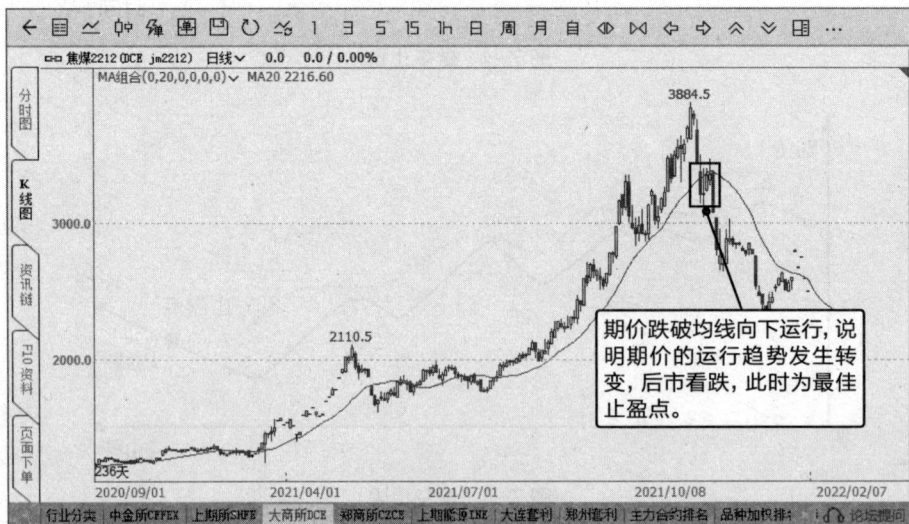

图 7-6　焦煤 2212 合约 2020 年 9 月至 2022 年 2 月的 K 线走势

从上图可以看到，焦煤 2212 合约前期走势沉闷，期价一直在 1 200.00 元附近横盘运行。2020 年 11 月底，K 线突然放出连续阳线拉升期价，突破平台，大幅向上攀升，一度上涨至 2 110.50 元后止涨回落。但此次回落幅度并不大，很快期价止跌横盘运行，2021 年 7 月中旬，期价结束横盘自下而上穿过 20 日均线，说明前期的下跌实际上是期价上升途中的回调，后市极有可能迎来一波上涨行情。因此，投资者在此位置积极跟进做多。

投资者跟进后，期价在均线上方震荡向上运行，期间多次回落至均线附近均受到均线的支撑而止跌再次向上，使得期价不断向上创出新高。

2021 年 10 月中旬，焦煤 2212 合约创出 3 884.50 元的新高后止涨再次回落至均线附近，但此次期价并没有止跌回升，而是有效跌破均线继续下行，说明焦煤合约的上升趋势已经发生转变，后市看跌，此时为投资者止盈平仓、了结出局的机会，否则将面临较大的损失。

7.1.3　趋势线止盈法

所有的价格运动都是呈趋势运行的，期价也是如此，期价的运行趋势可以通过趋势线来进行描述。同样，我们还可以利用趋势线来寻找投资的止盈点。

期价在一个趋势内稳定运行，突然拐头向上（或向下）有效突破（跌破）趋势线，就可以认为期价当前的趋势发生转变，投资者应立即止盈。如图 7-7 和图 7-8 所示为上升趋势线止盈和下降趋势线止盈。

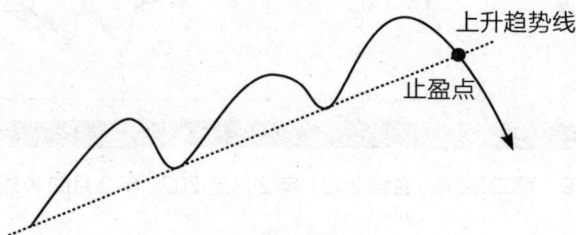

图 7-7　上升趋势线止盈

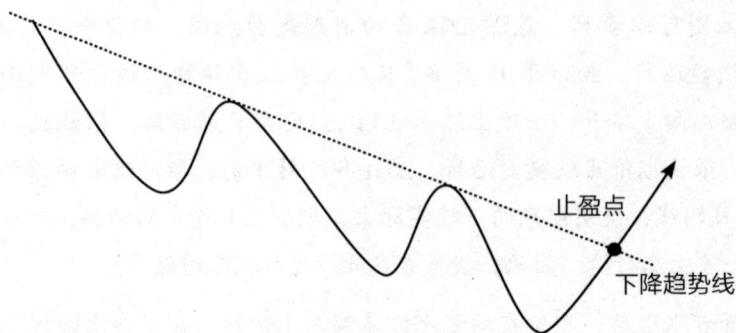

图 7-8　下降趋势线止盈

下面以一个具体的例子来进行说明。

示例讲解

豆二 2205^M 合约下降趋势线止盈

如图 7-9 所示为豆二 2205^M 合约 2021 年 2 月至 2022 年 2 月的 K 线走势。

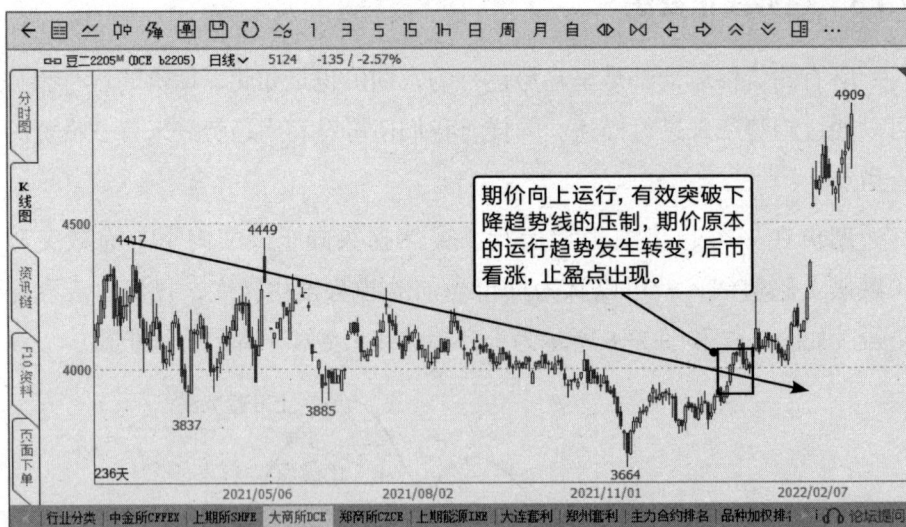

图 7-9　豆二 2205^M 合约 2021 年 2 月至 2022 年 2 月的 K 线走势

从上图可以看到，豆二 2205^M 合约前期处于下跌趋势之中，期价震荡下行。某投资者在 5 月左右的 4 400.00 元位置做空跟进。随后期价继续波动下行，期价重心不断下移，形成了一峰比一峰低的高点，投资者根据这些高点绘制出下跌趋势线。

期价在下降趋势线的压制下向下运行，每次止跌回升触及下降趋势线附近时便止涨回落。2021 年 12 月底，期价再一次止跌回升触及趋势线时，并没有像之前一样止涨回落，K 线连续收出高开高走的大阳线，使得期价一举向上有效突破下降趋势线的压制。说明豆二 2205^M 合约的趋势已经发生改变，下跌触底，后市极有可能转入上升趋势之中，此时为投资者平仓止盈的机会。

但是投资者在实际的投资中常常可以发现，有时候趋势线的突破与跌破并不是趋势发生了改变，而是进入震荡调整阶段，一旦调整结束还是会继续之前的行情。

所以为了避免这一情况的出现，部分投资者在利用趋势线设置止盈点时会将所有的震荡都看作短期调整，除非期价走势走出明显的反转趋势，否则将不离场，如图 7-10 所示。

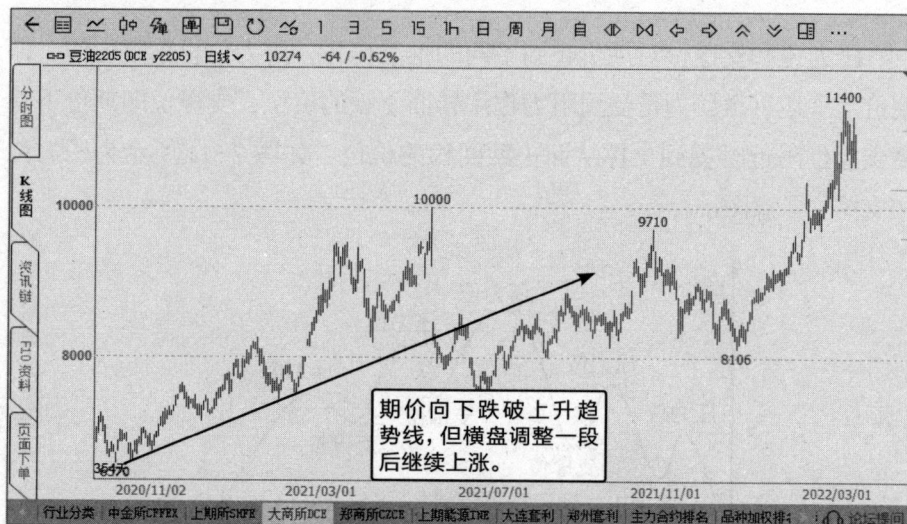

图 7-10　上升趋势线被跌破，行情未改

从上图可以看到，豆油 2205 合约前期表现为上涨行情，期价在上升趋势线的支撑作用下波动上行。2021 年 5 月下旬，期价突然急跌且有效

跌破上升趋势线，随后在 8 000.00 ～ 9 500.00 元范围内波动横行。2021 年 12 月底，期价结束调整，继续上行，且涨幅巨大。

所以，如果投资者以跌破上升趋势线为止盈点，在 8 400.00 元附近平仓止盈，将错过后期的一波行情。

实际上，两种操作方式都是比较实用的止盈方法，第一种突破或跌破趋势线便止盈，更适合投资风格偏稳重的投资者，这样操作的投资风险更小，但可能会增加买卖操作的频率。

而第二种，趋势线突破或跌破后并不操作，将其视为调整，除非出现明显的转势走势，否则不止盈，这种止盈方式更激进，虽然这样更不容易错过后市行情，但一旦盘整后期价急速反向运行，则可能会损失大量的前期既得收益。

7.1.4　压力位和支撑位止盈

压力位和支撑位对期价起到不同的推动作用，压力位也称阻力位，即期价上涨运行至压力位受到阻力作用转而下跌的价位；支撑位即期价下跌至支撑位附近时受到支撑从而止跌回稳的价位。如图 7-11 所示为压力位和支撑位示意图。

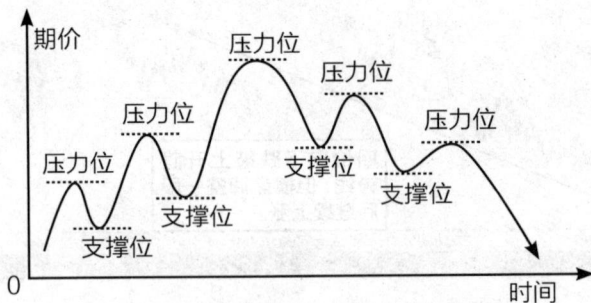

图 7-11　压力位与支撑位示意图

从图中可以看到，期价运行至压力位受阻而下跌，跌至支撑位受支撑而回升，对期价分别具有压制和支撑的作用，在实际投资中我们也可以利用压力位和支撑位的阻力作用和支撑作用来进行止盈操作。

想要利用压力位和支撑位来做止盈操作，要求每一位投资者找到真正有意义的压力位和支撑位。因为期价永远处于波动变化之中，所以 K 线走势中有无数的压力位和支撑位，但并不是所有的压力位和支撑位都有效，我们可以通过以下两个方法去找寻。

（1）K 线重要高点低点形成的压力位和支撑位

如果期价上涨至某一历史高点时受到压力而多次下跌，说明这一价位为重要压力位，期价极有可能上涨至压力位而再次下跌，所以做多投资者应该在期价再次上涨至压力位时平仓离场。如图 7-12 所示。

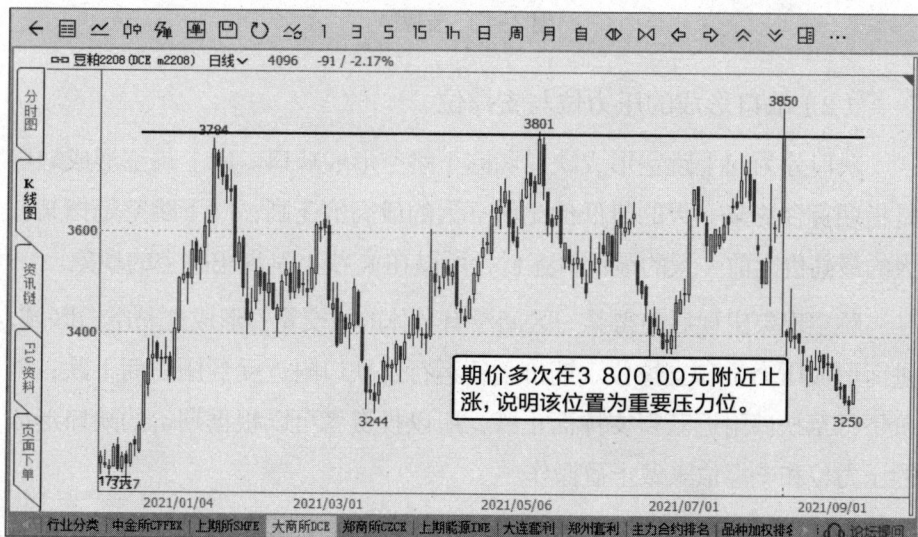

图 7-12　压力位

如果期价下跌至某一历史低点时受到支撑而多次止跌，说明这一价位为重要支撑位，期价极有可能下跌至支撑位而再次止跌，所以做空投资者应在期价再次下跌至支撑位时平仓离场，如图 7-13 所示。

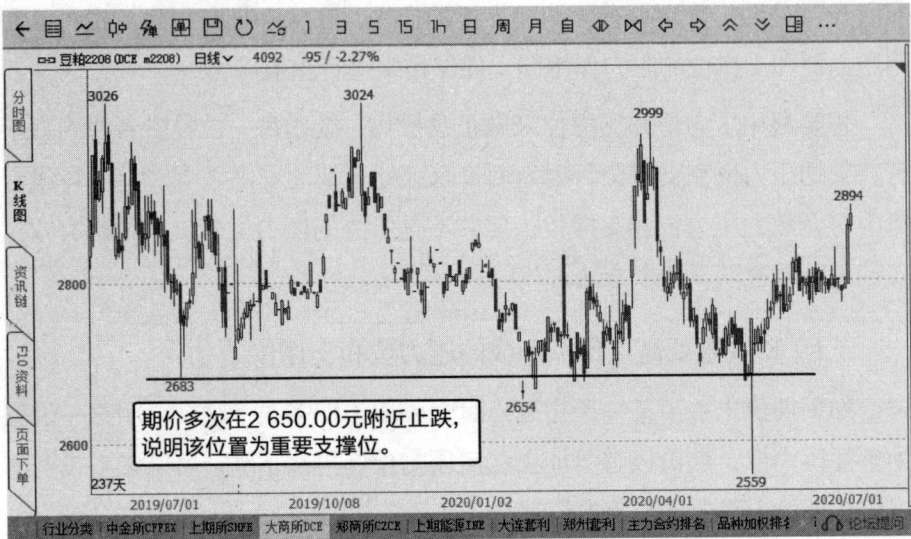

图 7-13　支撑位

（2）缺口形成的压力位与支撑位

缺口分为向上跳空形成缺口和向下跳空形成缺口。向上跳空形成缺口是指期货合约某一天的最低价比前一天的最高价还高；向下跳空是指某一天的最高价比前一天的最低价还低，所以在 K 线上呈现出跳空的现象。

跳空现象出现后使得某一区间没有具体的成交量，形成交易空白区域，进而形成压力位和支撑位。期价上行运行至缺口附近受到压力而下跌；期价下行至缺口附近获得支撑而止跌，所以投资者可以根据期价的缺口形成的压力位和支撑位来做止盈操作。

如图 7-14 所示，期价在 3 900.00 元附近向上跳空形成缺口，此后，这个价位附近就形成了支撑，期价多次下跌至这个价位后都会止跌企稳，转头上行，所以该缺口为有效的支撑位。做空投资者可以在期价跌至支撑位附近时平仓头寸获利。

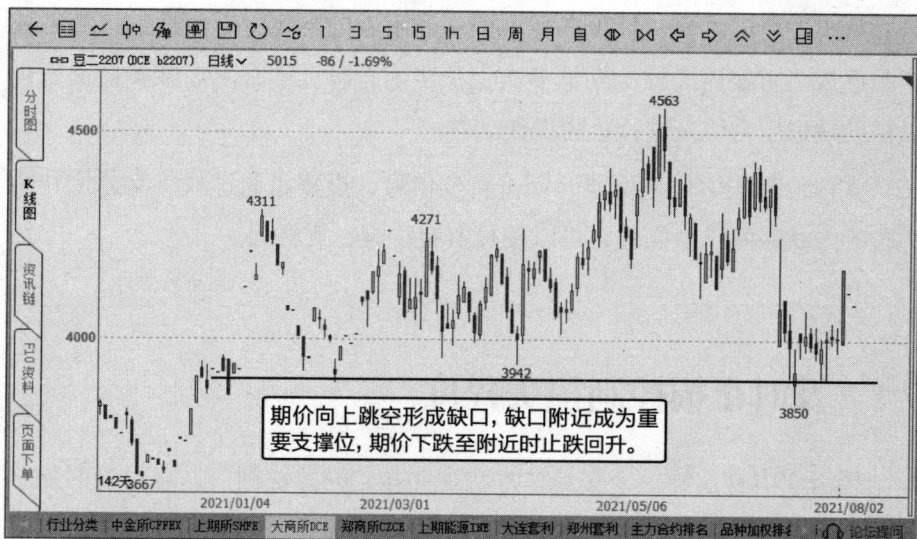

图 7-14　缺口形成支撑位

如图 7-15 所示为期价向下跳空形成缺口，缺口附近成为压力位。

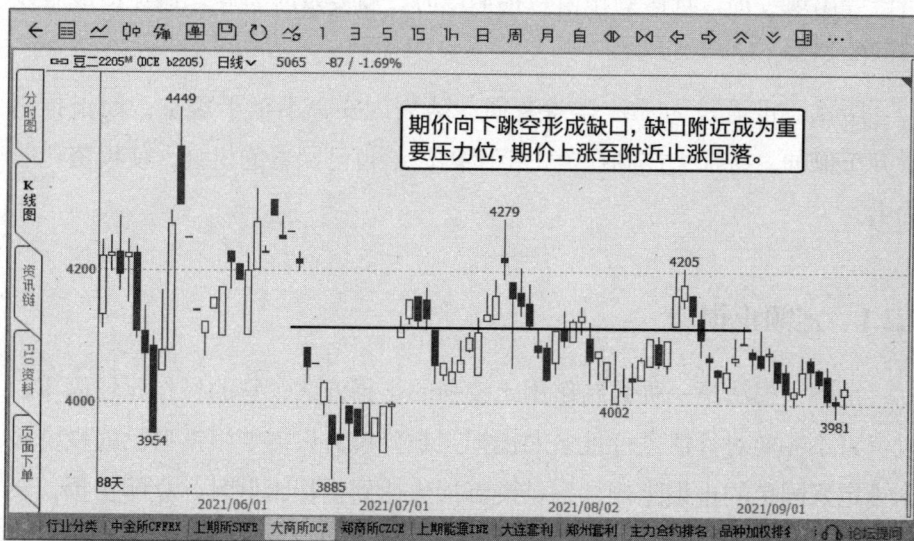

图 7-15　缺口形成压力位

从上图可以看到，期价在 4 200.00 元附近向下跳空形成缺口，随后缺口附近成为重要压力位，期价多次上涨至附近时止涨回落。做多投资者可以借助缺口压力位来进行止盈操作。

支撑位和压力位是重要的期价转变信号，投资者通过找寻支撑位和压力位的方式来做止盈操作，可以使投资更稳健、更轻松。

7.2 及时止损控制损失程度

经济学中有这样一个交易技术法则叫作"鳄鱼法则"，意思是假如一只鳄鱼咬住了你的脚，如果此时你用手试图去挣脱你的脚，鳄鱼便会同时咬住你的脚和手，你越挣扎，就会被鳄鱼咬住得越多。所以，在鳄鱼咬住你的脚时，唯一的解决办法就是牺牲一只脚。实际上这就是止损，如果投资已经出现亏损，且达到预留亏损额度时，就要及时斩仓，避免造成难以挽回的损失。

所以，止盈是为了让浮盈变现，落袋为安，不至于落空；而止损则是弃车保帅，将损失控制在一定范围内，给自己回本的机会，使投资化险为夷。

7.2.1 定额止损法

定额止损法是一种强制作用比较强的止损方法，它的操作比较简单，投资者不需要对行情进行过多的止损判断分析，只需要根据自己的投资成本设定好固定的止损比例，一旦投资损失达到止损比例时，立即止损，斩仓出局。

定额止损法的关键在于止损比例的设定，即投资者能够承受的最大损失程度。这一点受到很多方面因素的影响，具体内容包括如下一些。

①投资者的经济实力，经济实力越强，能承受的损失程度也就越大。

②投资风险承受能力，投资者投资风险承受能力越强，能承受损失的程度也就越大。

③投资者的投资风格，投资者的投资风格越激进，能承受损失的程度也就越大。

④投资者的年龄也与其能够接受的损失程度具有一定的联系，通常投资者的年龄越年轻，可承受的损失程度就越大。

综上所述，可以看到止损额度的设置比较主观，与投资者个人的性格、经济实力以及投资风格等有密切联系，所以不同的投资者设定的止损比例是不同的。

定额止损法比较简单，投资者不需要太多的技术分析技巧就能轻松操作，所以比较适合一些刚刚入市的新手投资者。而且这种止损方法也比较适合期货这种价格波动比较大的投资工具。

7.2.2　反向幅度止损

反向幅度止损是指期价出现反向运行造成损失时的一种止损方法，分为回撤幅度止损和反弹幅度止损。

回撤幅度止损是指做多投资者买进后，期价表现上涨，到达一个相对高点后再下跌，此时可以根据相对高点来设置下跌幅度，将其视为止损目标，具体的幅度数值根据个人情况而定。如图 7-16 所示为回撤幅度止损。

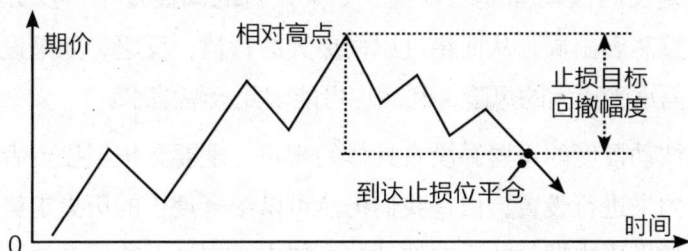

图 7-16　回撤幅度止损

反弹幅度止损是指做空投资者开仓后，期价表现下跌，到达一个相对低点后再上涨，此时可以根据相对低点来设置上涨幅度，将其视为止损目标，同样的，具体幅度数值根据个人情况而定。如图 7-17 所示为反弹幅度止损。

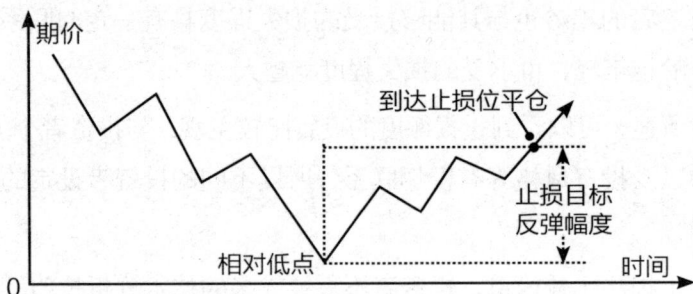

图 7-17　反弹幅度止损

从图中可以看到，根据反向幅度来止损非常简单，大部分投资者都能够轻松上手。但是，要知道市场永远处于波动变化之中，什么时候开始止损，以哪个相对高点和相对低点来设置反向幅度非常重要，也是反向幅度止损的关键。所以我们需要做到以下两点。

首先，设置一个目标止损信号点。因为目标市场永远处于波动变化之中，如果投资者过早地进行反向幅度止损意义不大。所以，我们应该先根据自己的投资成本和市场走势情况设置一个止损点，一旦期价运行达到目标止损位置则立即转移关注重点，查看期价的反向波动幅度。

其次是反向波动幅度的设置。如果设置的阈值过小，投资者很有可能被短期震荡震出局，从而错过后面更大的行情；反之，如果设置的阈值过大，则需承受更大的风险，利润也可能因此大幅缩水。

虽然波动幅度的设置并没有具体的规定，主要是根据投资者的个人风险承受能力来进行设置，但是我们仍然可以结合期价的历史走势来进行综合判断。如果历史期价的反向波动幅度较大，则设置的反向波动幅度可以大一些；但如果历史期价的反向波动幅度较小，则设置的反向波动幅度可以稍小一些。

7.2.3　横盘止损法

横盘是一种比较常见的期价走势，它指的是期价在一段时间内的小幅波动，并没有明显的上涨或下跌趋势。这样的行情因为振幅比较小，后市运行方向也不容易把握，所以常常也被称为牛皮市，很多投资者比较反感这类走势。

但是，有些时候横盘走势却能够帮助投资者做好止损，避免遭受重大的经济损失。横盘止损法也是一种比较实用的止损方法，它分为高位横盘止损和低位横盘止损。

（1）高位横盘止损

高位横盘止损是指期货合约处于上升趋势之中，期价不断向上攀升，随后期价上涨至某一个高位后止涨，并呈现出横盘窄幅运动。经过一轮上涨行情后的高位区域出现横盘之后，大多数情况下会伴随一波下跌，当然也有可能是中继横盘。此时，做多的投资者可以以横盘平台的下边线为止损位，一旦期价有效跌破且继续下行，就立即平仓头寸。如图 7-18 所示为高位横盘止损。

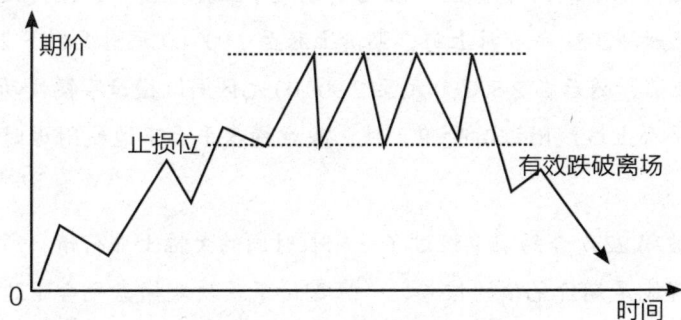

图 7-18　高位横盘止损

示例讲解
玻璃2207合约做多高位横盘止损

如图7-19所示为玻璃2207合约2021年3月至9月的K线走势。

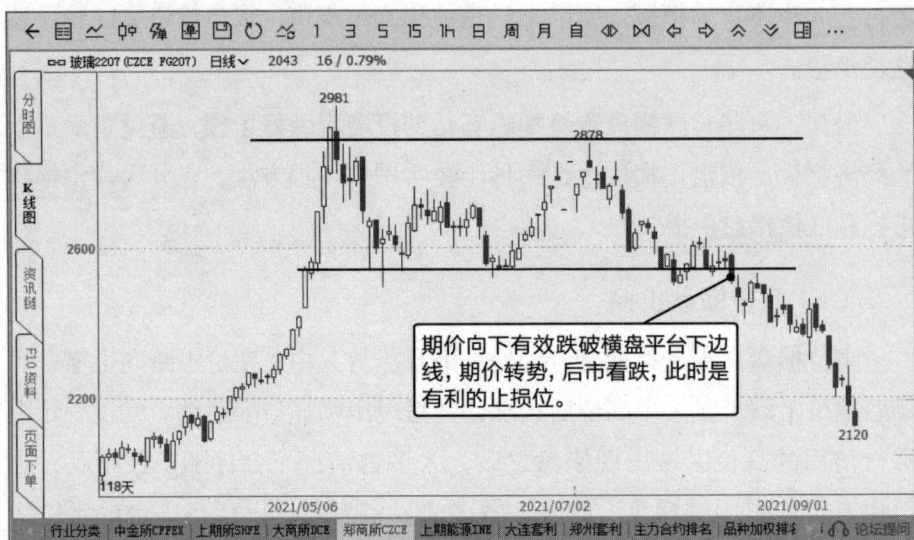

图7-19　玻璃2207合约2021年3月至9月的K线走势

从上图可以看到，玻璃2207合约前期处于上升行情中，期价大幅向上攀升，势头猛烈。2021年5月上旬，期价上涨至2 900.00元附近创下2 981.00元的新高后止涨，随后在2 500.00元至2 900.00元区间做横盘窄幅波动，期价上涨至横盘平台上边线附近时受阻下跌，跌至横盘平台下边线附近时获得支撑止跌回升。

因为玻璃2207合约前期经过了一轮长时间的大幅上涨行情，所以此时的横盘极有可能是期价见顶的信号，一旦期价下跌跌破横盘平台下边线则有可能转入下跌趋势之中。因此，横盘平台的下边线为做多投资者的止损信号，如果期价有效跌破平台下边线，投资者就不要再有过多的幻想，应及时离场，避免损失过多的前期既得利益。

（2）低位横盘止损

低位横盘止损主要是针对做空投资者。当期货合约处于下跌趋势之中，期价不断向下滑落，随后期价下跌至某一低点止跌，并呈现出横盘窄幅运动。通常情况下，经过了一轮大幅下跌行情后的低位区域出现横盘走势，是空头势能衰竭、后市看涨的信号，当然也有可能是下跌途中的中继。

因此，此时的做空投资者可以以横盘平台的上边线为止损位，一旦期价向上有效突破平台上边线且继续上行，则说明期价转势，后市看涨，投资者应立即平仓。如图 7-20 所示为低位横盘止损。

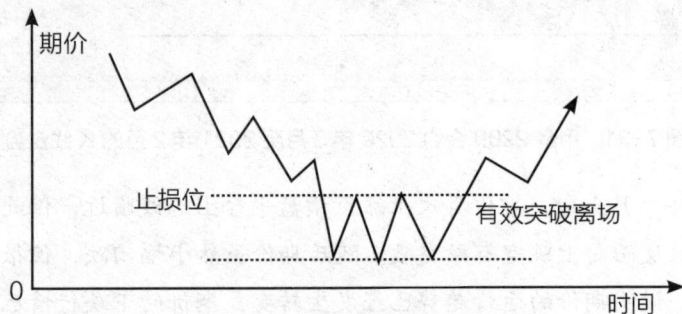

图 7-20　低位横盘止损

下面以一个具体的例子来进行说明。

示例讲解

甲醇 2209 合约做多低位横盘止损

如图 7-21 所示为甲醇 2209 合约 2020 年 3 月至 2021 年 2 月的 K 线走势。

从下图可以看到，甲醇 2209 合约前期处于下跌趋势之中，期价不断下行，下跌幅度较大。2020 年 4 月初，期价下跌至 1 600.00 元附近，创下 1 619.00 元的新低后止跌回升。

但是这一波上涨并没有维持较长的时间，几个交易日后再次止涨转跌，随后期价在 1 600.00 元至 1 800.00 元区域范围内波动横行。因为期价还处于横盘震荡阶段，未来走势不明，也有可能是下跌中继走势，所以做空投资者不必着急离场。

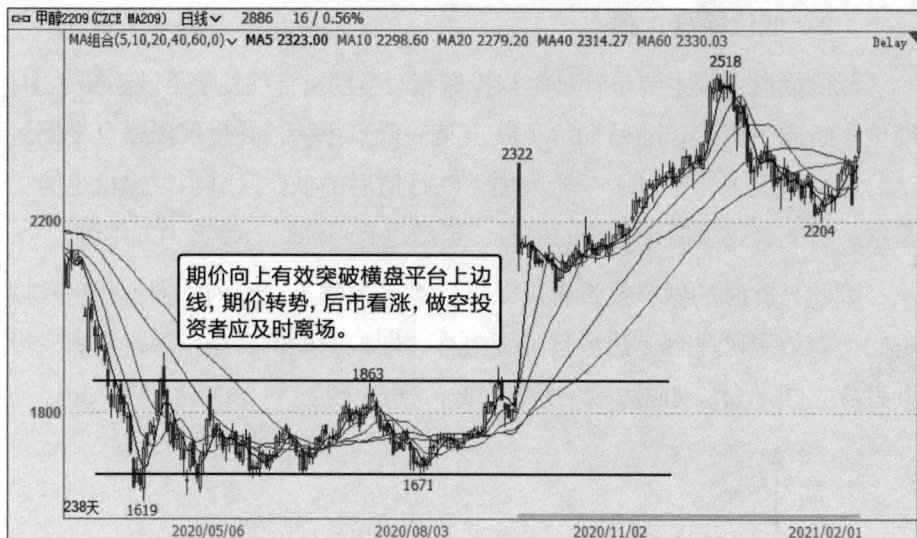

图 7-21　甲醇 2209 合约 2020 年 3 月至 2021 年 2 月的 K 线走势

2020 年 9 月上旬，期价再次上涨至横盘平台上边线附近，但此次并没有遇阻下跌，反而向上跳空有效突破。随后期价虽然小幅回跌，但很快转入上升走势中，说明期价的运行趋势已经发生转变，期价的下跌行情已经结束，后市看涨，做空投资者应及时平仓离场。

7.3　合理的仓位管理降低交易风险

仓位管理与控制是一门技术，合理的仓位管理不仅能够保证资金安全，有效规避风险，还能够提高投资获利的概率。尤其是在市场震荡波动变化的情况下，仓位管理显得极为重要。

要知道，投资不是赌博，合理的仓位控制是一种提高盈利概率的手段，即在市场走势未知的情况下增大获胜的概率，降低失败的概率，给自己预留更多的机会成本。

7.3.1　资金基本管理原则

资金管理实际上就是做好个人投资或家庭投资的资金分配，合理规划好资金的用途，让投资省去后顾之忧。投资者要明白，投资的目的是实现资产的增值，而非孤注一掷，所以在投资之前必须要做好相应的资金管理。资金管理需要遵循以下几个基本原则。

（1）不影响日常生活

投资要求利用闲钱理财，这是核心的原则。因为市场风云变幻，震荡波动较大，投资者很有可能损失惨重，如果不考虑基本的日常生活而将全部资金用于投资，一旦投资失败，则可能给家庭带来毁灭性的打击。

大部分投资人都在强调投资心态，好的投资心态能够扛过短期震荡，等待市场回暖获利。但是，如果投资者将自己的身家全部投入其中，又怎么能够淡定地面对市场中的风云变化呢？

因此，我们在投资时要避免投资活动对日常生活造成影响，需要预留必需的生活费用，即便投资失利也不会影响正常的生活。

（2）投资必须止损

每一次下单投资都需要设定止损位，很多投资者在面对市场中的不利走势时，总是不愿意承认自己的决策失误，接受自己的失败，而是一味地、无意义地坚持，最终的结果只是增大自己的损失而已。投资止损是将损失控制在自己可承受的范围内，为长期投资获利做好准备。前面我们也曾提到过鳄鱼法则，就是将损失最小化，保存实力，承认决策失利才有可能在下一次投资中打一个漂亮的翻身仗。

（3）控制交易规模

投资的交易规模必须要在自己的可控制范围内，不能因为期货杠杆交易属性，而使得投资金额超过自身承受范围，加重自己的经济负担，也不能借钱投资，这些行为都是不理性的，这样的投资心态与赌徒无异。如果认为投资是一场心态的博弈，这样的投资者在起点时就输了，最终的投资结果也就可想而知了。

想要做好资金管理可以试着使用家庭理财四象限法则（标准普尔家庭资产象限图），它是标准普尔公司通过追踪 10 万个家庭的理财方式而得来的科学的、合理的家庭资产象限图，如图 7-22 所示。

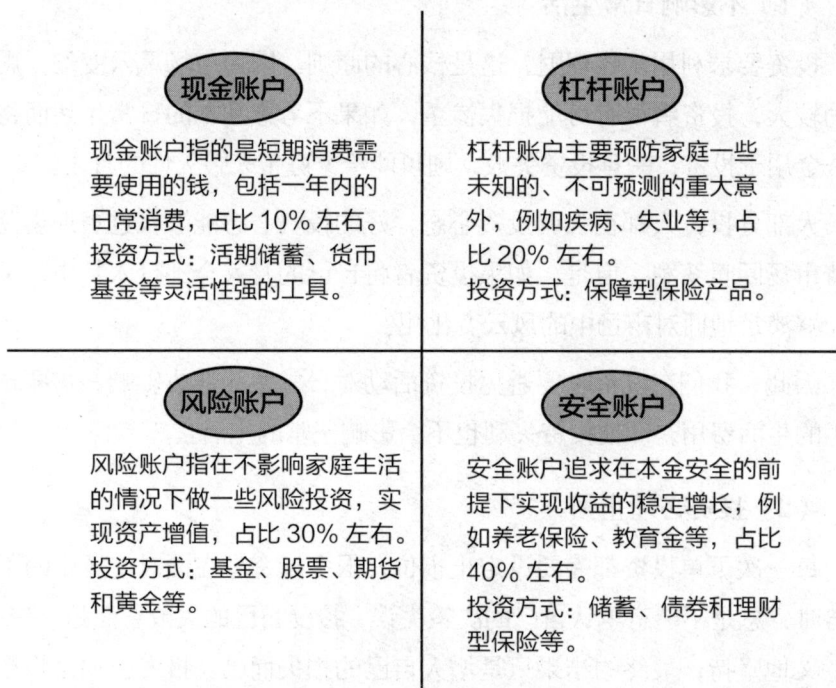

现金账户

现金账户指的是短期消费需要使用的钱，包括一年内的日常消费，占比 10% 左右。
投资方式：活期储蓄、货币基金等灵活性强的工具。

杠杆账户

杠杆账户主要预防家庭一些未知的、不可预测的重大意外，例如疾病、失业等，占比 20% 左右。
投资方式：保障型保险产品。

风险账户

风险账户指在不影响家庭生活的情况下做一些风险投资，实现资产增值，占比 30% 左右。
投资方式：基金、股票、期货和黄金等。

安全账户

安全账户追求在本金安全的前提下实现收益的稳定增长，例如养老保险、教育金等，占比 40% 左右。
投资方式：储蓄、债券和理财型保险等。

图 7-22　家庭资产四象限

从上图可以看到，家庭资产四象限就是通过科学合理的比例分配，将家庭资产分为 4 个账户，各个账户具有不同的作用，各司其职，它就像是一张桌子的四条腿，稳稳地对家庭进行支撑。

所以，根据上述家庭资产四象限法则进行分配，我们在投资时只能用风险账户中占总资产 30% 左右的资金进行投资，这样才不会给家庭的稳定生活造成影响。

7.3.2 金字塔仓位管理法

仓位管理实际上就是指投资者在决定入场投资某个对象时，资金分批入场和分批离场的方式。不同的投资者有自己的投资风格，对期价的后市走势有自己独特的判断，所以在仓位管理方法上也存在不同。本节内容主要介绍的是一种比较经典的仓位管理方法——金字塔仓位管理法。

金字塔仓位管理法是被投资者广泛使用的一种建仓方法，是一种长期投资的理念。金字塔仓位管理法之所以称为"金字塔"式仓位管理，与其加仓方式有着密不可分的关系。在金字塔仓位管理法中，投资者初入市场时的资金量最大，随后市场行情按预期的相反方向发展，那么投资者不加仓；如果方向一致，便逐步加仓，但加仓的比例逐渐减小。这样的加仓方式使得仓位呈现出下方大、上方小的形态，像一个金字塔，所以称为金字塔仓位管理法。如图 7-23 所示为金字塔仓位管理的示意图。

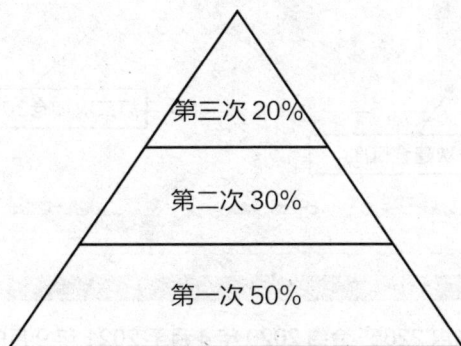

图 7-23　金字塔仓位管理法

上图中，该金字塔分为 3 层仓位，第一层仓位建仓 50%，第二层仓位建仓 30%，第三层仓位建仓 20%。当然，在实际的投资中也可以分为 4 层仓位、5 层仓位等。

采用金字塔建仓法的优点在于，做多投资时低价位买得多，仓位重，高价位买得少，仓位轻；做空投资时高价位买得多，低价位买得少。虽然这种建仓方法没有一次性全仓获利多，但是能够减少因价格反向运行带来的风险。

　　在实际投资中运用金字塔仓位管理法时，应该结合市场来灵活地加减仓位，如果期价运行方向与预期方向一致，则根据加仓原则逐渐减少加仓仓位。但后市中如果期价走势开始出现转势迹象，或者回调/反弹幅度较大时，就要考虑全部或部分获利回吐，避免收益被抹平。

示例讲解
焦煤2205ᴹ合约做多金字塔仓位管理法

　　如图7-24所示为焦煤2205ᴹ合约2020年4月至2021年9月的K线走势。

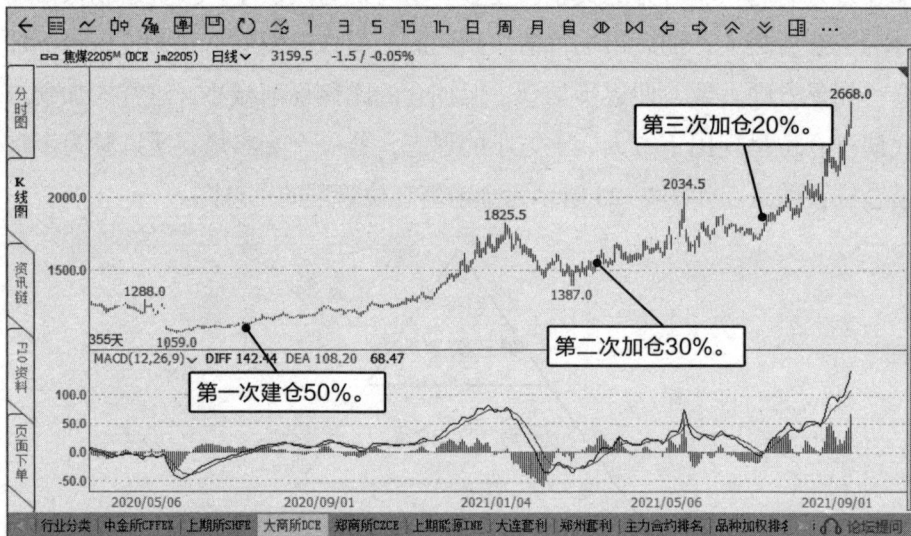

图7-24　焦煤2205ᴹ合约2020年4月至2021年9月的K线走势

　　从图中可以看到，焦煤2205ᴹ合约上市后一直在1 100.00元至1 200.00元区间波动运行，涨跌变化幅度不大。但是2020年5月下旬，期价在一次横盘波动的运行中向下跌破平台，创下1 059.00元的新低后止跌回升，出现上涨迹象。

　　此时查看下方的MACD指标发现，MACD指标中的DIFF线和DEA线跟随期价的下跌而运行至0轴下方并继续下行，5月底期价止跌回升之际，MACD指标中的DIFF线拐头向上，自下而上突破DEA线，形成黄金交叉，随后 DIFF 线和 DEA 线纷纷上行。说明市场中的做多动能强劲，期价后市即将转入上升趋势之中，后市看涨，因此，投资者以金字塔建仓的方式在 1 100.00 元位置做多买进，投入 50% 的资金。

投资者买进后期价不久便进入了上升趋势之中，开始向上稳定攀升。2021 年 1 月上旬，期价上涨至 1 800.00 元上方创下 1 825.50 元的新高后止涨回落。此时查看下方的 MACD 指标发现，MACD 指标形成死叉，拐头向下，但是绿色柱线并没有持续性放大，很快便缩小消失，DIFF 线和 DEA 线横盘波动一段后出现上行迹象，说明期价的下跌并非转势，而是上涨途中的回调，后市继续看涨，所以此时为加仓机会，投资者在 1 500.00 元位置加仓 30%。

期价回调结束后继续向上攀升，2021 年 5 月中旬，期价创下 2 034.50 元的高价后止涨小幅回落。此时查看 MACD 指标发现，虽然 MACD 指标下行，但运行至 0 轴附近便拐头向上，说明期价趋势未变，后市看涨，可以继续跟进。因此，投资者在 2 000.00 元位置继续加仓 20%。

果然，后市期价继续向上高涨，在图中绘制上升趋势线发现，期价在上升趋势线的支撑作用下向上稳定攀升。如图 7-25 所示为焦煤 2205 合约 2021 年 7 月至 12 月的 K 线走势。

图 7-25　焦煤 2205 合约 2021 年 7 月至 12 月的 K 线走势

2021 年 10 月中旬，期价创出 3 252.50 元的高价后止涨，随后几天 K 线跳空低开低走，连续收出大阴线，期价大幅向下滑落。因为前期期价已经经历了一轮长时间的大幅上涨行情，所以期价有可能转势，但也有可能是期价上涨过急而出现的回调。为了锁定前期收益，投资者决定在 2 700.00 元位置卖出 80% 持仓。

随后期价继续下行，10 月下旬期价有效跌破上升趋势线后继续下行，说明期价趋势确实发生转变，后市看跌，投资者不需要留恋，在此位置清仓离场。

7.3.3　矩形仓位管理法

矩形仓位管理法指将所有的仓位进行等比例划分，使得每一份仓位都是相同的金额。矩形仓位管理法初始进场的资金量占总资金的固定比例，每一次出现加仓机会时都按照这一固定比例进行加仓，使得形态像一个矩形，因而被称为矩形仓位管理法。如图 7-26 所示为矩形仓位管理法示意图。

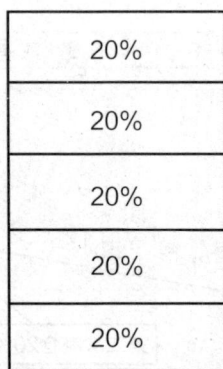

图 7-26　矩形仓位管理法

从图中可以看到，该矩形表示 5 层仓位，每层仓位占比 20%，每一次加仓机会出现时都依次按照 20% 的比例进行添加。当然，在实际的投资中也可以根据自己的需要更换成 3 层仓、4 层仓以及其他仓位比例。

矩形仓位管理法的优势在于，如果期价向预期的相反方向大幅、急速运行，投资者的仓位不至于全部被套。其次，还可以通过多次频繁加仓来摊低买进成本，降低投资风险。

示例讲解

玉米 2205^M 合约做空矩形仓位管理法

如图 7-27 所示为玉米 2205^M 合约 2020 年 8 月至 2021 年 4 月的 K 线走势。

图 7-27　玉米 2205^M 合约 2020 年 8 月至 2021 年 4 月的 K 线走势

从图中可以看到，玉米 2205^M 合约前期处于上升趋势之中，期价从 2 200.00 元上涨至最高 2 930.00 元，然后止涨横盘运行。与此同时，下方 MACD 指标的 DIFF 线拐头向下，自上而下穿过 DEA 线，形成死叉，随后 DIFF 线和 DEA 线一起下行。

这样的现象出现在期价经过一轮长时间大幅上涨后的高位横盘区域，说明场内的做多势能衰竭，上方压力较大，难以继续维持上涨，后市极有可能迎来一波下跌行情。于是，投资者遵循矩形仓位管理原则在横盘时的 2 870.00 元附近建仓 25%。

期价横盘结束后果然下行，但仅仅维持了几个交易日便止涨小幅回升。此时查看下方 MACD 指标发现，期价回升过程中，DIFF 线和 DEA 线并没有出现明显的上升，且还有继续下行的迹象，由此可以判断，这里的上涨并不是止跌回升，而是下跌途中的小幅反弹，此时为投资者的加仓机会，于是投资者在反弹横盘高位 2 800.00 元附近加仓 25%。

横盘结束后，期价继续下行，2021 年 4 月初，期价创出 2 593.00 元的低价后再次止跌回升，上涨趋势明显，直逼 2 800.00 元价位线。此时下方的 MACD 指标的红色柱线不断放大，期价有可能回升，为了锁定前期既得收益，投资者在 2 800.00 元附近减去手中 50% 持仓。

但是，期价并没有继续上涨，如图 7-28 所示为玉米 2205^M 合约 2021 年 1 月至 9 月的 K 线走势。

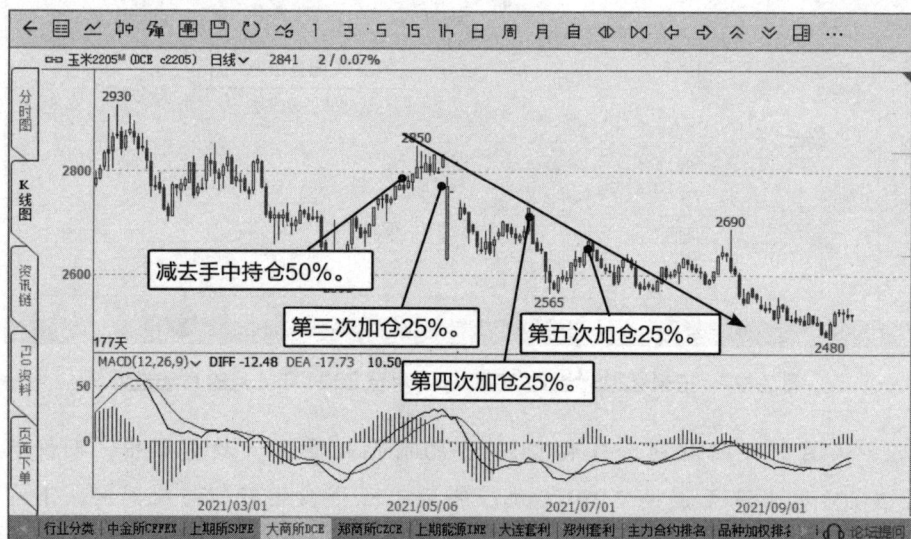

图 7-28　玉米 2205^M 合约 2021 年 1 月至 9 月的 K 线走势

从图中可以看到，期价反弹上涨至最高 2 850.00 元后止涨横盘，然后下行。观察下方的 MACD 指标发现，MACD 指标再次出现死叉，并且 DIFF 线和 DEA 线下行，说明后市继续看跌，投资者可以在此位置加仓 25%。

随后期价在下降趋势线的压制下继续下行，投资者可在每次期价反弹回升至下降趋势线附近时加仓 25%。

2021 年 7 月下旬，期价横盘波动止涨，有效突破下降趋势线的压制，横盘过程中期价最高上涨至 2 690.00 元，但下方的 MACD 指标并没有出现明确的转势迹象，DIFF 线和 DEA 线触及 0 轴附近便拐头向下，继续下行。说明市场还有下跌空间，可继续看跌，此时为下降趋势线的修正，而不是转势，投资者可继续看空。

从案例可以看到，在运用矩形仓位管理法的过程中，要坚持用前一个加仓位作为期价反向运行时的减仓位，这样一来，即便行情突然逆行，也不会给自己带来重大的损失。

7.3.4　漏斗形仓位管理法

漏斗形仓位管理法是与金字塔仓位管理法相反的一种仓位管理方法，指前期投入的资金体量小，后期加入的资金体量逐渐加大。这是一种逆向操盘手法，即价格运行方向与自己的预期方向相反时便加仓，且加仓的比例越来越大。因为形似漏斗，所以被称为漏斗形仓位管理法，如图 7-29 所示为漏斗形仓位管理。

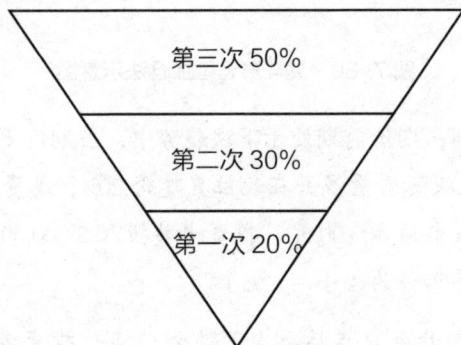

图 7-29　漏斗形仓位管理法

上图中分为 3 层仓位，第一层仓位建仓 20%，第二层仓位建仓 30%，第三层仓位建仓 50%。当然，在实际的投资中漏斗形仓位管理法也可以分为 4 层仓位、5 层仓位等。

这样的操作可以随着加仓次数和比例的增加不断降低买进成本，一旦市场运行方向转势，投资者便可快速获利。

下面用一个例子来进行说明。

示例讲解

漏斗形仓位管理法摊低投资成本实现快速获利

如图 7-30 所示为某期货合约的漏斗形仓位加仓法示意图。

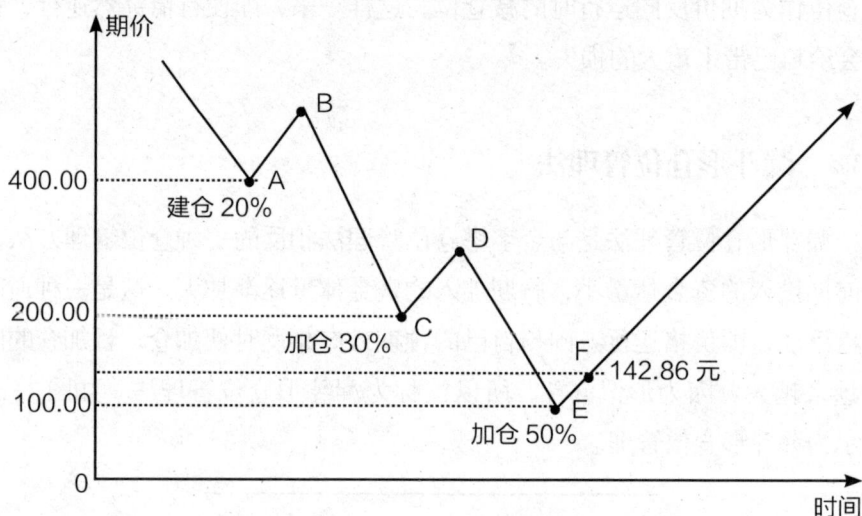

图 7-30　漏斗形仓位加仓法示意图

从图中可以看到，期价前期处于下跌趋势中，当期价下跌至 A 点，此时价位为 400.00 元，如果投资者看多并在此位置建仓 20%，总资产为 10 000.00 元。那么，此时的投资成本为 400.00 元，投资者共投入 2 000.00 元，买入期货 5 吨（假设该期货的交易单位为 1 手 =1 吨）。

随后期价小幅回升至 B 点后再次下跌至 C 点，投资者加仓 30%。所以，投资者投入 3 000.00 元，买入期货 15 吨（3 000.00÷200.00）。此时，手中持有的期货合约平均成本为 250.00 元（5 000.00÷20）。

接着期价小幅回升至 D 点后再次下跌至 E 点，投资者加仓 50%，所以投资者投入 5 000.00 元，买入期货 50 吨（5 000.00÷100.00）。此时投资者手中持有的期货合约平均成本为：142.86 元（10 000.00÷70）。

也就是说，期价在 E 点止跌回升，转入上升趋势中，只要期价运行至 F 点，投资者便可以回本，此后上涨都是看多投资者的获利空间。

从上例中可以看到，这样的漏斗形仓位管理法在做多投资时，低价位处仓位较重，高价位处仓位比例较轻，这样一来，通过多次频繁地加仓，能够有效地摊低买进成本。

这样的仓位管理方式，如果是做多投资，比较适合在下跌行情的末期；如果是做空投资，则比较适合在上涨行情末期。因为不知道具体的底部和顶部什么时候会到来，所以期价每一次下探或是上探，都是投资者的加仓机会，一旦趋势转变，投资者就可以快速获利。

示例讲解
淀粉 2301 合约漏斗形仓位管理法加仓分析

如图 7-31 所示为淀粉 2301 合约 2020 年 6 月至 2021 年 3 月的 K 线走势。

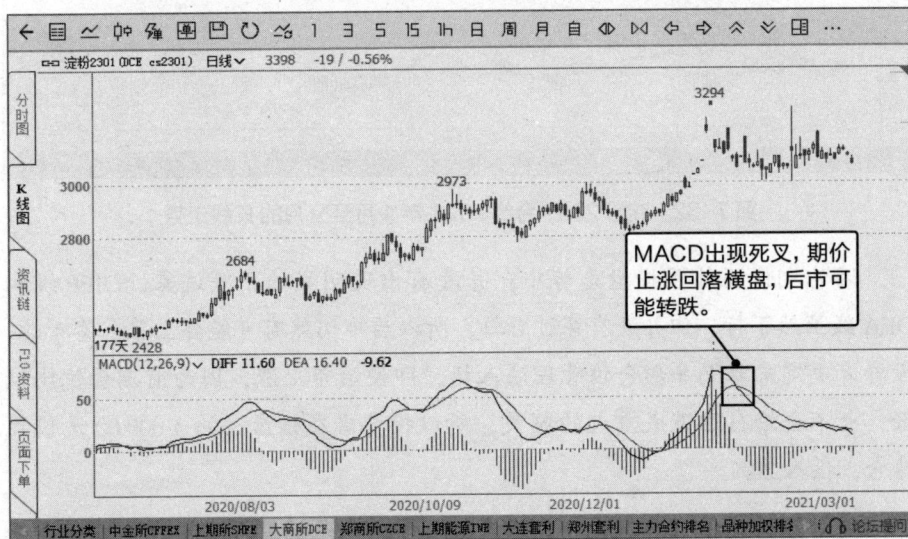

图 7-31　淀粉 2301 合约 2020 年 6 月至 2021 年 3 月的 K 线走势

从图中可以看到，淀粉 2301 合约前期表现上涨行情，期价向上震荡攀升，重心不断上移，涨幅巨大。2021 年 1 月中上旬，期价突然向上连续跳空高开，

K 线收出阴线，创出 3 294.00 元的新高后止涨回落至 3 100.00 元附近，随后横盘运行。此时查看下方的 MACD 指标发现，DIFF 线拐头向下，自上而下穿过 DEA 线形成死叉，随后继续下行，说明期价短期走弱。因为期价已经经历了一轮长时间大幅上涨行情，所以，场内的做多动能可能衰竭，上涨动力不足，后市转跌的可能性较大。

如图 7-32 所示为淀粉 2301 合约 2021 年 1 月至 9 月的 K 线走势。

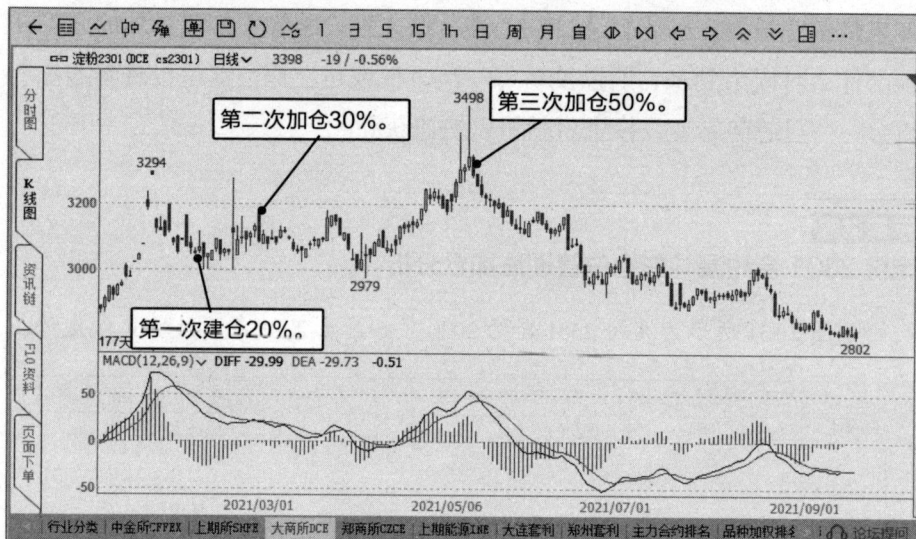

图 7-32　淀粉 2301 合约 2021 年 1 月至 9 月的 K 线走势

因为期价还处于横盘走势中，并没有出现明显的下跌迹象，DIFF 线和 DEA 线虽然下行，但并没有穿过 0 轴，所以后市仍然有可能会上涨。鉴于此，投资者决定采取漏斗形仓位管理法入场，即便后市上涨，因为前期仓位比较轻，也不会给自己造成重大的损失，所以投资者在横盘时的 3 000.00 元位置建仓，投入 20%。

随后期价在横盘过程中小幅回升至 3 200.00 元位置再次横盘，投资者意识到这是一次加仓机会，所以在 3 200.00 元附近加仓 30%。

从图中可以看到期价结束横盘后再次向上攀升，创下 3 498.00 元的新高后止涨，第二天期价回落，K 线收阴，下方 MACD 指标出现死叉，说明短期看跌，此时为投资者的加仓机会，投资者加仓 50%。随后期价彻底进入下跌趋势之中，开启了一轮长时间的大幅下跌行情，该投资者获得不错的投资回报。

7.3.5　马丁格尔策略资金管理

马丁格尔策略资金管理法其实是一种赌博策略，它最早起源于十八世纪的法国，随后在欧洲广为流传。从理论上来看，这种投资策略是一种绝对不会输钱的投资方法。

马丁格尔策略实际上很简单，它的思想核心就是：在投资中，如果输了，下一次投资就将本金翻倍；如果再一次输了，便继续加倍，以此类推。这样一来，一旦当次投资获胜就能将之前失去的钱全部赢回来，同时还可以另外赢得投资收益。然后在下一次投资时再将投入的本金恢复到最小值，然后按照上面的策略继续投资。

可以看到，马丁格尔策略资金管理法的关键主要包括起始资金和翻倍倍数，起始资金和翻倍倍数越大，投资者反败为胜的概率就越大，但同时资金压力也就越大。

真实的期货投资市场显然更为复杂，如果将马丁格尔策略运用于期货交易中，一旦市场按照反方向趋势行情运行，那么随着行情的发展，头寸翻倍增加会越来越大，投资风险也就越来越大，投资者很有可能在行情还没有出现转机之前就已经爆仓。所以，如果想要在期货交易中使用马丁格尔策略就需要解决以下 3 个问题。

起始仓位。因为在马丁格尔策略中，后续的加仓都是在起始仓位的基础上进行翻倍，所以起始仓位越大，投资者的压力也就越大。

加仓倍数。加仓倍数的大小直接影响加仓资金的多少，如果设置的倍数较大，那么除了可能给自己带来较重的经济压力之外，还会影响自己的投资计划。所以，投资者应该设置一个合理的翻倍倍数，一般 1.5 倍或者 2 倍是比较合理的。

加仓距离。如果加仓距离过小，不仅需要投资者频繁进行加仓操作，还会增大投资者的资金压力。但如果加仓距离过大，损失过大，期价转势回本的概率也就更小。所以投资者需要根据实际的市场走势行情来设置加仓距离。

示例讲解
豆粕 2301 合约马丁格尔仓位管理分析

如图 7-33 所示为豆粕 2301 合约 2021 年 7 月至 12 月的 K 线走势。

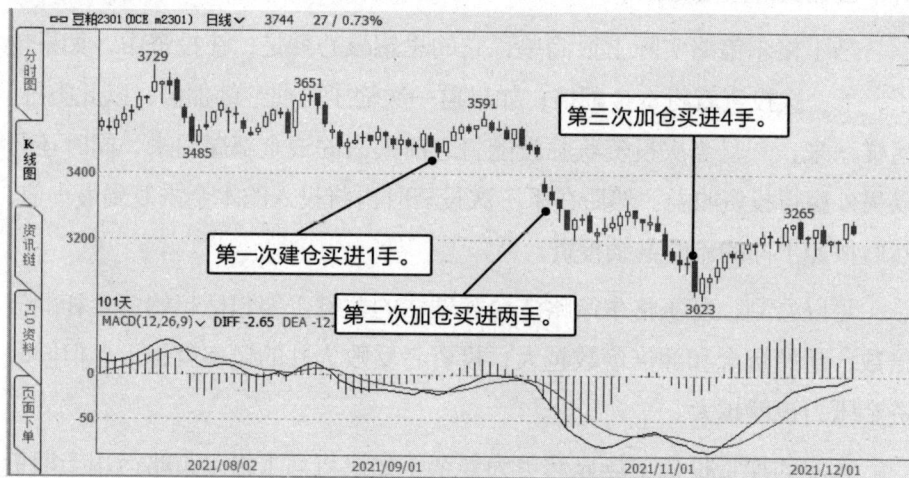

图 7-33　豆粕 2301 合约 2021 年 7 月至 12 月的 K 线走势

从图中可以看到，豆粕 2301 合约前期处于横盘震荡走势之中，期价一直在 3 400.00 元至 3 600.00 元区间波动运行，未来走势不明。2021 年 8 月下旬，期价波动幅度减小且出现小幅上升迹象，随后，下方 MACD 指标中 DIFF 线拐头向上，自下而上穿过 DEA 线，形成金叉，所以期价后市极有可能走强。

某投资者决定在此位置买进看多，为了提高投资获胜的概率，避免一次性投资决策失误，该投资者决定采用马丁格尔策略进行资金管理，规定每次期价跌幅超 6% 便翻倍加仓一次，加仓倍数为 2。如图 7-34 所示为该豆粕期货合约。

大连商品交易所豆粕期货合约

交易品种	豆粕
交易单位	10吨/手
报价单位	元(人民币)/吨
最小变动价位	1元/吨
涨跌停板幅度	上一交易日结算价的4%
合约月份	1, 3, 5, 7, 8, 9, 11, 12月
交易时间	每周一至周五9:00—11:30, 13:30—15:00, 以及交易所公布的其他时间
最后交易日	合约月份第10个交易日
最后交割日	最后交易日后第3个交易日
交割等级	大连商品交易所豆粕交割质量标准
交割地点	大连商品交易所指定交割仓库
交易保证金	合约价值的5%
交易手续费	不超过3元/手
交割方式	实物交割
交易代码	M
上市交易所	大连商品交易所

图 7-34　豆粕期货合约

于是该投资者在 3 500.00 元位置处买进 1 手，投入 1 750.00 元（3 500.00 × 10 × 5%）。

买进后，期价并没有如预期一般大涨，而是上涨至 3 591.00 元止涨回落。2021 年 10 月上旬，期价向下跳空低开低走，价格跌至 3 350.00 元附近，跌幅超过 6%，所以投资者决定在 3 300.00 元附近加仓，买进两手豆粕 2301 合约，投入 3 300.00 元（3 300.00 × 2 × 10 × 5%）。

随后期价继续下行，2021 年 11 月初，期价下跌至 3 100.00 元附近，跌幅再次跌破 6%，于是投资者在 3 100.00 元位置加仓，买进 4 手豆粕 2301 合约，投入 6 200.00 元（3 100.00 × 4 × 10 × 5%）。

接着期价继续下跌，但在创出 3 023.00 元的低价后便止跌回升，转入上升趋势之中。对于投资者而言，其持仓成本如下。

（3 500.00×10+3 300.00×20+3 100.00×40）÷（10+20+40）=3 214.29（元）

也就是说，只要期价上涨超过 3 214.29 元，投资者即可回本，超出部分即是获利。如图 7-35 所示为豆粕 2301 合约 2021 年 11 月至 2022 年 3 月的 K 线走势。

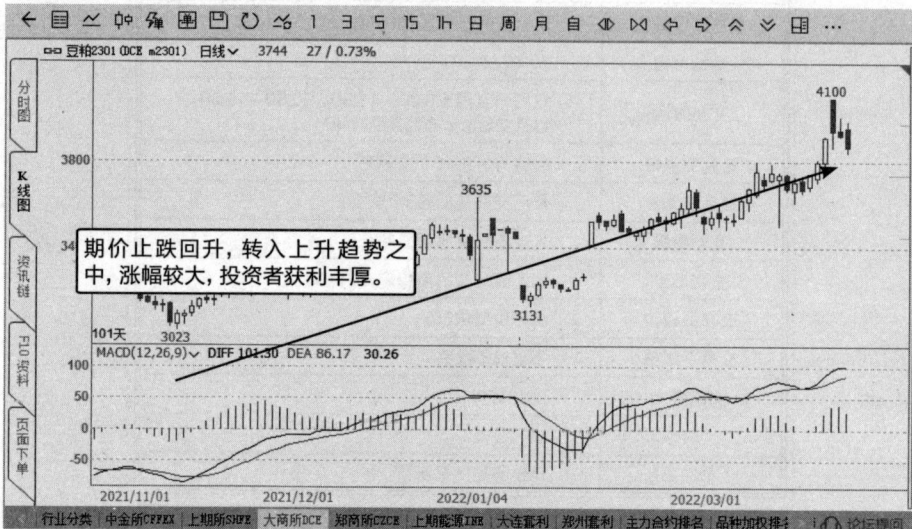

图 7-35　豆粕 2301 合约 2021 年 11 月至 2022 年 3 月的 K 线走势

从图中可以看到，期价转入上升趋势后涨幅较大，最高上涨至 4 100.00 元，投资者获利丰厚。

读者意见反馈表

亲爱的读者：

感谢您对中国铁道出版社有限公司的支持，您的建议是我们不断改进工作的信息来源，您的需求是我们不断开拓创新的基础。为了更好地服务读者，出版更多的精品图书，希望您能在百忙之中抽出时间填写这份意见反馈表发给我们。随书纸制表格请在填好后剪下寄到：北京市西城区右安门西街8号中国铁道出版社有限公司大众出版中心 张亚慧收（邮编：100054）。或者采用传真（010-63549458）方式发送。此外，读者也可以直接通过电子邮件把意见反馈给我们，E-mail地址是：lampard@vip.163.com 。我们将选出意见中肯的热心读者，赠送本社的其他图书作为奖励。同时，我们将充分考虑您的意见和建议，并尽可能地给您满意的答复。谢谢！

所购书名：_____

个人资料：

姓名：_____ 性别：_____ 年龄：_____ 文化程度：_____

职业：_____ 电话：_____ E-mail：_____

通信地址：_____ 邮编：_____

您是如何得知本书的：

□书店宣传 □网络宣传 □展会促销 □出版社图书目录 □老师指定 □杂志、报纸等的介绍 □别人推荐
□其他（请指明）_____

您从何处得到本书的：

□书店 □邮购 □商场、超市等卖场 □图书销售的网站 □培训学校 □其他

影响您购买本书的因素（可多选）：

□内容实用 □价格合理 □装帧设计精美 □带多媒体教学光盘 □优惠促销 □书评广告 □出版社知名度
□作者名气 □工作、生活和学习的需要 □其他

您对本书封面设计的满意程度：

□很满意 □比较满意 □一般 □不满意 □改进建议

您对本书的总体满意程度：

从文字的角度 □很满意 □比较满意 □一般 □不满意
从技术的角度 □很满意 □比较满意 □一般 □不满意

您希望书中图的比例是多少：

□少量的图片辅以大量的文字 □图文比例相当 □大量的图片辅以少量的文字

您希望本书的定价是多少：

本书最令您满意的是：

1.
2.

您在使用本书时遇到哪些困难：

1.
2.

您希望本书在哪些方面进行改进：

1.
2.

您需要购买哪些方面的图书？对我社现有图书有什么好的建议？

您更喜欢阅读哪些类型和层次的书籍（可多选）？

□入门类 □精通类 □综合类 □问答类 □图解类 □查询手册类 □实例教程类

您在学习计算机的过程中有什么困难？

您的其他要求：